Luisa Francia

Der wilde Blick

DM 24,-
€ 12,20

Luisa Francia

Der wilde Blick

Frauenoffensive

1. Auflage, 2000
© Luisa Francia, 2000
(Verlag Frauenoffensive, Metzstr. 14 c, 81667 München)

ISBN 3-88104-328-4

Druck: Clausen & Bosse, Leck
Umschlaggestaltung: Erasmi & Stein, München
Umschlagentwurf und Fotos: Luisa Francia

Dieses Buch ist gedruckt auf Papier aus chlorfrei gebleichtem Zellstoff.

INHALT

„Die Verletzungen der Kindheit liegen wie ein Filter auf der Netzhaut, wenn dieser Filter sehr dicht ist, begegnest du immer der gleichen Situation, siehst immer die gleichen Bilder und bleibst in diesem Bewertungssystem gefangen wie in einer Matrix. Je durchsichtiger dieser Filter wird, je mehr du die Kindheitshypnosen auflösen kannst, um so deutlicher kannst du auch die Verletzungen der anderen sehen, um so mehr neue Informationen kannst du sehen und aufnehmen."

Margarethe Petersen

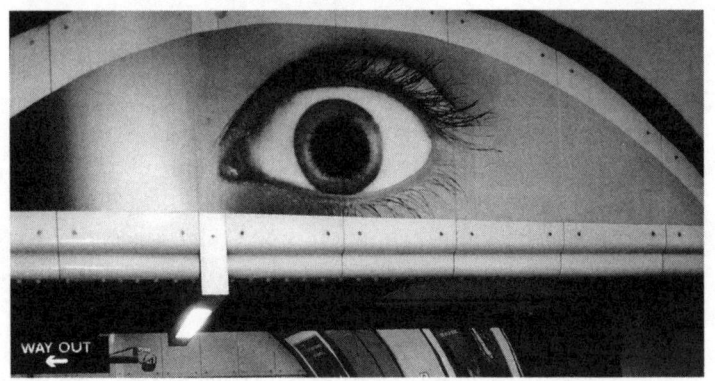

Ich stand mit einem Bier in einem verräucherten Club. Der Dichter Franz Dobler, mit dem ich befreundet bin, sprach mich an. „An was schreibst du gerade?" Ich erzählte von meinem Buch „Drei Wünsche". Seine Augen tränten. Die Kontaktlinsen, der Rauch, die langen Nächte... „Ich hab echt Probleme mit meinen Augen, das wird immer schlimmer", sagte er. „Leg dir doch mal Teebeutel auf die Augen", schlug ich vor, weil ich gerade in dieser missionarischen Stimmung war, die mich manchmal befällt, wenn Menschen über ein Leiden klagen. „Warum schreibst du nicht mal was über die Augen?" revanchierte er sich. „Dazu würde mir nichts einfallen", sagte ich. Aber zu diesem Abend in diesem Club fiel mir auch grad nichts ein, also ging ich nach Hause. Und da passierte es. Ich ging auf dem Weg zum Klo an dem Bild von Kali vorbei. Sie starrte mich mit ihren überirdischen Augen an und – sie zwinkerte.

Ein Buch über die Augen? Das erste Auge, das sich unangenehm in meine Erinnerung einbrannte, war das Auge Gottes, das wir im Religionsunterricht in ein Dreieck malen mußten. Gott sieht alles, hieß es. Er wurde für mich zum Prototypen eines Voyeurs. Wer will denn alles sehen! Ich bin 51 Jahre alt und brauche weder eine Lesebrille noch eine Brille, um das Weite zu suchen, und das, obwohl ich mit zwanzig ziemlich kurzsichtig war und eine Brille trug. Ich hatte damals unverschämtes Glück mit einer Augenärztin, die sagte, die Kurzsichtigkeit müsse nicht unbedingt so bleiben, ich solle doch ein bißchen Augengymnastik machen. Das tat ich – schon weil ich die Brille nicht fand, die mir wirklich gut stand. Ich haßte den Druck auf der Nase und das Gefühl, mit zwanzig schon auf eine Prothese angewiesen zu sein.

Ich fing an, über die Augen nachzudenken, mich mit meinen Augen zu unterhalten, mit ihnen zu spielen. Ich machte all diese Spielchen, die das Trügerische der optischen Wahrnehmung entlarven, zum Beispiel einen Bleistift so lange zwischen Zeigefinger und Daumen hin und her zu wackeln, bis es aussieht, als wäre der Bleistift aus Gummi. Oder den Blick im Spiegel so lange starr zu halten, bis aus zwei Augen ein Auge wird.

Schön und gut, dachte ich, aber was ist mit den Augen eigentlich wirklich los? Was können sie? Also fing ich an zu recherchieren. Wie nehmen wir wahr? Wie ist das Bild der Welt, das wir uns zusammenbauen? Was ist das überhaupt für eine seltsame Folie, diese optische Realität? Bin ich meiner Augen mächtig? Ich las, bis mir die Augen tränten. Bruce Chatwin zum Beispiel, einer meiner Lieblingsschriftsteller, fing an zu reisen, weil er in seinem Job bei Sotheby's fast blind geworden war. Aus der Enge der Kataloge, der Preise, der Sammelwütigen zog er in die Wüsten Afrikas und Australiens und gewann seine Sehkraft zurück.

Ich diskutierte das Thema auf unserem Frauenstammtisch. Überraschung: Das Gespräch über die optische Wahrnehmung erzeugt Emotionen, Aggressionen, Wut, Trauer. Die eigene nachlassende Sehkraft wird gern als Gesetz auf den Tisch geworfen: Mit dem Alter werden die Augen halt schlechter, darüber brauchen wir uns doch gar nicht auseinanderzusetzen! Und das überzeugt genauso wie die Geschichten von irgendwelchen mythischen Bäuerinnen im Gebirge, die noch nie beim Arzt waren, noch alle Zähne im Mund haben und keine Brille brauchen. Oder die unglaubliche Sehkraft des englischen Bergsteigers Odell, der mit Mallory und Irvine in den dreißiger Jahren auf dem Everest war und heute, mit über neunzig, noch immer keine Brille braucht.

Wir orientieren uns aber an der Abnutzungstheorie und tun alles, um die Statistik zu erfüllen. Materialverschleiß, wer hätte diesen Begriff nicht verinnerlicht?

Weil die Reaktionen bei Gesprächen über Augen und Brillen und das Nachlassen der Sehkraft so heftig waren, reizte mich das Thema immer mehr.

Einmal ging ich nachts tanzen in einen Club, der Techno spielte und Strobelight flackern ließ. Als ich nach Hause kam, wurde ich dieses optische Phänomen in meinen Augen nicht los. Es saß in der linken Ecke meines Sehfelds fest, ein roter Bogen mit gelben und blauen Zacken, wunderschön anzusehen, aber nicht auszulöschen. Ich schloß die Augen, das Phänomen blieb.

Langsam geriet ich in Panik. Ich legte mich ins Bett und begann konzentriert zu atmen und dabei mit geschlossenen Augen dieses farbige geometrische Muster zu betrachten. Mit der Sauerstoffzufuhr begann es sich zu verändern, der Bogen wurde weiter, die Zacken kleiner. Dann verschwanden die Gelb- und Blautöne, schließlich, nach gut drei Stunden, verschwand der Bogen, und ich konnte einschlafen.

Die Bedrohlichkeit dieser optischen Wahrnehmung, die ich mit dem Willen nicht kontrollieren konnte, die sich unter meine geschlossenen Lider drängte und mich zwang, weiterzusehen, gab mir den Rest. Zum Sehen gezwungen! War das nicht überhaupt das Leitmotiv? Und ist nicht das Weg-Sehen der Ausweg für viele Menschen, die keine Verantwortung übernehmen wollen? Wir müssen hinsehen, um zu begreifen. Aber was sehen wir? Wer bestimmt, was wir sehen? Ist der Sehsinn frei?

Mir wurde klar, wie dominant das Sehen in unserer Kultur ist. Meine Augen hatten Feuer gefangen.

Hast du „Nirvana – Jagd im Cyberspace" gesehen, die Szene, in der einem Mann namens „Joystick" das Elektronenauge ausgewechselt wird? Dann weißt du, wie beunruhigend der Kontakt von Auge zu Auge sein kann, selbst wenn dieses Auge auf dem Bildschirm gezeigt wird und gar kein wirkliches Auge ist.

Der Schock, der entsteht, wenn das Auge Gewalt an einem Auge sieht, erinnert mich an meine Zeit als Schwesternhelferin in Lausanne, wo ich Französisch lernen wollte. Ich sollte bei einer Augenoperation assistieren. Als der Arzt das Messer durchs Auge zog, fiel ich stocksteif nach hinten – wo die Schwester schon mit ausgebreiteten Armen stand. Später sagte sie mir, daß das allen so gehe, die zum ersten Mal bei einer Augenoperation dabei seien, weil der Kontakt von Auge zu Auge so direkt ist, daß man es nicht sofort schafft, sich zu schützen. Das eigene Auge übernimmt, was dem anderen Auge geschieht, der Körper wehrt sich durch Ohnmacht.

Ein cineastisches Ereignis in den dreißiger Jahren bestätigt das: Luis Bunuel zeigte seinen Film „Le Chien andalou"; als in Großaufnahme das Auge einer Frau zu sehen war, dann das Rasiermesser und dann der Schnitt des Rasiermessers durch das Auge (das von einem toten Kalb stammte), fielen die ZuschauerInnen reihenweise in Ohnmacht.

Blaue Flecken auf meinem Körper pflasterten den Weg zu diesem Buch: Ich versuchte, mit verbundenen Augen durch die Wohnung zu gehen. Ich fing an, Blinde in der U-Bahn und auf öffentlichen Plätzen zu beobachten. Diese Geschmeidigkeit, mit der sie den Körper durch die Realität manövrieren, wie sie mit den Ohren, mit der Haut, mit der Nase sehen! Eindrucksvoll ist auch, wie Blinde ihr Erscheinungsbild nicht nach den Realitäts-klischees manipulieren (können, müssen). Ich gewöhnte mir an, in der Bahn, im Café, im Buchladen die Augen zu schließen, und Wellen von Unsicherheit zwangen mich immer wieder, das Erfühlte, Gehörte mit der optischen Wahrnehmung zu vergleichen.

Obwohl ich immer das Gefühl hatte, meine anderen Sinne auszudehnen und zu fördern, merkte ich jetzt, wie sehr ich auf die Kontrollfunktion meiner Augen angewiesen bin. Einzig wenn ich in meinem Kleiderschrank nach Kleidungsstücken suche, verlasse ich mich ausschließlich auf mein Fingerspitzengefühl, denn alle sind schwarz, ich erkenne die verschiedenen Stücke nur am unterschied-lichen Gewebe.

Die Arbeit am Augen-Thema wurde zur Abenteuer-reise in die Sinne, in das wirklich helle Sehen – und in die

Hindernisse, die sich auftun, wenn mit den Augen etwas nicht stimmt. Mitten in der Arbeit an diesem Buch hatte ich an einem sehr sonnigen Frühlingstag die unselige Idee, mein Zauberzimmer zu putzen. Die Sonnenstrahlen spielten mit den Staubflocken, irgendwo flog eine Motte auf. Ich fuhr den Staubsauger ins Zimmer und fing an, ungemütliche Atmosphäre zu verbreiten. Dann gab es im Staubsauger eine Verstopfung. Bei dem Versuch, sie zu beseitigen, flog mir der Staub ins rechte Auge. Meine Existenz schrumpfte auf ein höllisch schmerzendes, anschwellendes Auge. Ich konnte nicht mehr lesen, schreiben oder mit Annamirl ins Kino gehen. Ich dachte daran, daß die meisten Unfälle im Haushalt passieren und daß dieser Hausputz im wahrsten Sinn des Wortes ins Auge gegangen war, zündete den Göttinnen und meinen Augen Räucherwerk an und legte mich flach. Jetzt mußte ich hören und fühlen und kam endlich dazu, meine neuen CDs zu spielen und wirklich zuzuhören.

Mein Fetisch für dieses Buch wurde ein Stein, den ich am Fuß des Kailash in Tibet gefunden hatte: ein brauner Stein, auf dem ein Auge zu sehen ist, von der Natur ein-gearbeitet – der wilde Blick.

Du denkst, du siehst.
Du denkst, du siehst schlecht?
Du denkst, du siehst nicht richtig?
Du traust deinen Augen.
Du kannst deinen Augen nicht trauen?
Du glaubst nur, was du siehst?
Du kannst nicht glauben, was du siehst?
Geh mir aus den Augen!
Augenblicklich!
Du kontrollierst,
was du im Auge behältst?
Hauptsache den Überblick behalten?

Wenn wir geboren werden, sind alle Sinne offen. Aber unsere erste Anpassung an das Leben auf der Erde ist die Umkehrung des Bildes, das wir sehen. Mit den Augen passen wir uns zuerst dieser Realität an. Alle Sinne nehmen ihre Arbeit auf, dehnen sich aus, nehmen Impulse auf, fangen an, sie zu definieren. Nur das Auge muß die Wahrnehmung umstellen, manipulieren. Und die erste Botschaft an das Hirn ist: Du siehst verkehrt. Sind wir der Realität, die wir sehen, deshalb so ausgeliefert, weil wir unserem Seh-Sinn nicht auf Anhieb vertrauen können? Zugleich ist diese erste Umkehrung des Sehens die stärkste Erinnerung daran, daß wir nicht von hier, aus der

Schwere der Erdanziehung, dem engen Korsett der Materie sind, sondern aus der Dunkelheit und Undefiniertheit auftauchen, uns kurz materialisieren und wieder auflösen.

Es dauert oft lange, bis die Schwerhörigkeit eines Kindes entdeckt wird, weil man dem Gehör nie soviel Bedeutung beimißt wie dem Sehen. Das Sehen wird reguliert, schon weil Fehlsichtigkeit „häßlich" ist und als irreguläre Entwicklung meist schnell wahrgenommen wird. Wenn ein Kind schielt oder die Augen kneift, bietet sich eine Korrektur natürlich sofort an. Hört es schlecht, gibt es kein sichtbares Zeichen. Obwohl Kinder, die schlecht hören, oft sogar eine eigene Sprache entwickeln, nämlich die, die sie selbst hören, fällt die Schwerhörigkeit ihren Eltern nicht auf, weil sie halt nicht sichtbar ist.

Sehen ist der Schlüssel zum Leben in der Zivilisation. Schönheit definiert sich nicht am Geruchssinn, am Gefühl, am Gehör. Das Wort „schön" kommt aus dem gleichen sprachlichen Ursprung wie „schauen". Schönheit wird vor allem optisch definiert. Natürlich gibt es schöne Musik, schönen Gesang. Wird aber ein Mensch als schön bezeichnet, ist damit selten die schöne Stimme gemeint, häufiger die äußere Wirkung, die Ausstrahlung – auch die erfordert ja optische Wahrnehmung.

In der Volkskunde haben Augen eine besondere Bedeutung, weil sie in andere Menschen „eindringen" können. So heißt es, der Blick Menstruierender könne Spiegel trüben oder anderen Menschen die Sehkraft rauben. Zuckende Augen werden als Vorzeichen einer nahenden Katastrophe gedeutet. Die heilige Luzia gilt als Augenheilerin, weil sie sich die Augen ausriß, um einem verliebten Freier nicht zu gefallen. Der Sage nach trug sie die

Augen in einer Schale vor sich her. In christlichen Kreisen wird sie noch heute zur Heilung von Augenkrankheiten angerufen. Natürlich warnen volkskundliche Überlieferungen auch vor der Neugier: Wer allzu frech schaut, verliert das Augenlicht. Allerdings heißt es auch, man könne es wiedergewinnen, indem man sich Ringe durch die Ohrläppchen ziehe, und das könnte ja der traditionellen chinesischen Medizin entsprechen, die im Ohr Akupunktur-Punkte für die Augen weiß.

Interessant finde ich den Hinweis auf die germanische Unterwelts- und Todesgöttin Hel oder Hella, die mit dem Hellsehen in Verbindung gebracht wird. Hellsehen heißt demnach, in die Anderswelt zu schauen und Wissen aus anderen als irdischen Quellen zu beziehen.

Toten werden dem Mythos entsprechend die Augen geschlossen, damit sie nicht zu „Nachzehrern" werden und die Lebenden bedrohen.

Bei vielen Babys werden der Geruchssinn, das Fühlen, das Schmecken vernachlässigt. In Westafrika zum Beispiel gibt es ein Taufritual, bei dem das Neugeborene in einen Kreis von Kräutern gelegt wird, die es stärken sollen und damit der ausgeprägte Geruchssinn von Neugeborenen befriedigt wird; in der westlichen Zivilisation hält man sich mit solchem Schnickschnack kaum auf. Das Kind soll trinken, schlafen und „sauber" sein.

Es riecht also als erstes Desinfektionsmittel, parfümierte industrielle Babypflegemittel, die diversen Pflegemittel und Parfüms der Mütter. Es soll die Eltern und seine Umgebung erkennen und bekommt zur optischen Anpassung kleine Zivilisationssymbole vorgehalten, damit es begreift, wo es gelandet ist. Die Erfindung von Computern für Kleinkinder treibt die Vormacht des Visuellen auf die Spitze. Die anderen Sinne treten zurück.

Vielleicht bilden sich bald das Feingefühl der Haut, Wirbelsäule, Beine und Füße zurück, weil Sensibilität und Beweglichkeit nicht mehr gefragt sind. Die Augen gewöhnen sich an die Aufnahme extrem schneller Impulse, Wahrnehmung wird ja in der Hauptsache durch Bewegung ausgelöst, nicht durch Form oder Farbe.

Die Einseitigkeit und das Übermaß elektronischer Impulse werden die Augen mit der Zeit verändern, die Augäpfel werden durch das ständig nach vorn auf einen Bildschirm Starren in ihrer Beweglichkeit eingeschränkt, die Sehkraft wird überfordert, sehr junge Menschen werden bereits starke Sehhilfen brauchen, irgendwann wird es Sehchips auch für Menschen geben, die Wissenschaft arbeitet ja bereits an der Verbindung zwischen Biomasse und Elektronikchips. Dann werden wir mehr und mehr auf das ganzheitliche Wahrnehmen verzichten und eine abgetastete Bildfläche für Realität halten.

Was sehen wir? Häuser, Autos, asphaltierte Straßen und Plätze, mickrige Bäume, traurige, gestresste, angespannte, haßerfüllte Gesichter, gelegentlich ein Lächeln, selten ein herzlich lachendes Gesicht, Menschenmassen, Autoschlangen, Fernsehen, Computer, Elektronisches, Waren aller Art. Agrochemiebehandelte Natur. Sterbende Bäume. Überfahrene Tiere. Gewalt. Anzuggepanzerte Männer, die schlechte Nachrichten aller Art überbringen. Angepaßte Frauen.

Warum formuliere ich das so negativ? Weil die Summe all dieser unangenehmen optischen Wahrnehmungen unser Hirn zum Wegschauen, Nicht-Wahrnehmen, Abwehren oder Ignorieren drängt. Und damit kommen wir in Konflikt mit der Arbeit der Augen. Was sollen die jetzt tun? Wahrnehmen oder nicht? Eine Hilfestellung für die Augen wäre es, sie zu schließen, dann können sie nicht wahrnehmen. Dazu sind wir aber meistens nicht entschlossen genug, also schauen wir alles an und geben uns den – wie wir alle wissen, nicht funktionierenden – Befehl: Nimm das Gesehene nicht wahr. Wir brechen unsere Sehkraft. Viele Male am Tag.

Je weniger wir zu Fuß gehen, um so mehr verlieren wir den Kontakt zu den Elementen, zur Natur, zur Beweglichkeit und damit zur Ausschüttung dieser feinsten Stoffe unseres Körpers, die uns glücklich, wach, stark, mutig, fröhlich machen. Wenn das Auge zum optischen Wahrnehmungskörper reduziert wird, verlieren wir die komplexe Funktion, die unsere Augen ursprünglich hatten.

Die Augen sind Wahrnehmungsorgan.

Sie nehmen Bewegung, Farben, Licht, Formen auf, geben die Impulse an das Hirn weiter, das dann den Rest der Wahrnehmung übernimmt, nämlich die Definition des Aufgenommenen; dabei helfen:

- der Geruchssinn, der die Qualität der Situation, die eventuelle Gefahr vermitteln kann;
- der Gefühlssinn der Haut, der Temperatur, Art der Berührung, Konsistenz der berührenden Substanz mitteilt;
- der Geschmackssinn, der in den Körper eingeführte Substanzen beurteilt;

- der Gehörsinn, der die Qualität der wahrgenommenen Frequenzen, die eventuelle Gefahr für den Körper, für die inneren Organe, den Genuß vermitteln kann.

Die Augen sind Wahrnehmungsorgan nach Innen.

Sie wandern mit dem Traumschlaf, mit Visionen, mit inneren Bildern und Fantasien mit, sie beobachten den Ablauf innerer Szenenfolgen, sie begleiten die Gedanken.

Die Augen sind Sender.

Diese Funktion der Augen wurde von der Wissenschaft immer wieder heftig diskutiert. Die Theorie, daß die Augen Energie abgeben, „abstrahlen", wurde in der Inquisition als Indiz für üble Magie gewertet und meist mit dem Tod auf dem Scheiterhaufen bestraft. Die Aufklärung tat die Sende-Funktion der Augen als Aberglauben ab, sie hat damit zwar mit diskriminierenden Bräuchen gegen Frauen aufgeräumt, den Kern der Sache aber nicht erfaßt.

Wir alle kennen das Phänomen: Jemand starrt dir in den Nacken, du mußt dich umdrehen, weil du den Blick „spürst". Wie kann ein Blick erspürt werden? Die Augen geben Wünsche, Sehnsüchte, Willensäußerungen, Angriffe der entsprechenden Person an die Außenwelt weiter. Ohne ein Wort zu sagen, kann ein Mann eine Frau sexuell bedrohen – durch Starren, durch die bedrohliche Entschlossenheit seines Blicks, durch das Übertragen seiner Gedanken durch die Augen. Wer wüßte nicht, was ein lüsterner Blick ist? Aber wie kann ein Blick lüstern sein, wenn die Augen keine ausstrahlende Funktion haben?

Verliebte nutzen ihre Augen als Sende- und Empfangsstationen, noch ehe Worte ausgetauscht werden.

Die Augen sind „Blitzableiter"
des Körpers, des Stoffwechsels.

Eine Störung im Blutzuckerspiegel, im Stoffwechsel der Bauchspeicheldrüse, in der Funktion von Leber (Gelbsucht, gelbe Augen) und Galle macht sich in den Augen bemerkbar. Die Sehkraft kann nachlassen, der Augen-Innendruck steigen und nicht nur die Augen (grüner Star), sondern das Leben des Menschen (grauer Star) gefährden. Ist der Körper stark vergiftet, „befeuert" also die Leber/die Galle die Augen zu sehr durch aufsteigende starke Energie (nach der chinesischen Medizin ist das möglich), kann sich die Bindehaut, sogar die Netzhaut ablösen und die entsprechende Person blind werden.

Gifte im Körper werden durch Körperflüssigkeiten ausgeschwemmt, also auch mit der Tränenflüssigkeit. Die Augen sind nicht direkt ein Entgiftungsorgan des Körpers und können schon mal überfordert sein, wenn allzuviel Müll im Stoffwechsel anfällt.

Diese komplexe Funktion der Augen und die Überbetonung des Sehsinns in unserer Kultur, in der die Kinder ja nicht zuerst tanzen und dann erst lesen, schreiben und rechnen lernen, sondern umgekehrt, sowie eine Überflutung der Augen mit optischen Reizen und zuviel künstlichem Licht führen dazu, daß die Augen von Anfang an überlastet werden.

Die Augen müssen von allen Sinnen am meisten leisten, aber ihre Bedürfnisse werden nicht wahrgenommen, nicht anerkannt und schon gar nicht befriedigt. So behandeln wir natürlich den ganzen Körper: Wahrgenommen wird erst, was stört. Die Augen fallen uns erst auf, wenn sie uns das Bild der Welt nicht mehr richtig vermitteln, wenn sie schwächer werden oder ganz streiken.

Kinder werden zur Eile angetrieben, nirgendwo sollen sie stehenbleiben, nichts sollen sie in Ruhe betrachten – dafür ist einfach keine Zeit in dieser Welt. Wenn sie sich dann nicht mehr konzentrieren können, nichts mehr wahrnehmen, keine Geduld für Betrachtung aufbringen, werden sie fertiggemacht.

Viele Eltern halten es für ungesund, wenn Kinder im Bett lesen, lassen aber zum Einschlafen das Licht an oder setzen den Fernseher als Babysitter ein. Die Vielfalt von Eindrücken, die nicht nur dem Auge, sondern natürlich auch dem Hirn und der ganzen Entwicklung eines Kindes gut tut, wird beschnitten bis zum Tagesablauf des kleinen Industrieland-Menschen, der/die morgens aufsteht, in die Kinderkrippe, den Kindergarten, die Schule oder die Arbeit geht, dort fünf bis acht Stunden ableistet, wieder heimgeht, sich berieseln läßt und ins Bett fällt, ähnlich einer auf Nährlösung gezüchteten Tomate oder Paprika. Nur was für den Aufbau der Biomasse absolut notwendig ist, wird zur Verfügung gestellt, alles andere ist Luxus, den sich kaum noch jemand leistet.

Die Dominanz des Sehsinns und die Absurdität, die daraus entstehen kann, wird besonders durch einen bayrischen Witz symbolisiert, der mir immer eine Endorphinflut von Lachtränen beschert. Ein Kind kommt in eine Metzgerei. Was willst denn du? fragt der Metzger. Eine

Scheibe Pressack, sagt das Kind. Schwarzen oder weißen? fragt der Metzger. Ist egal, sagt das Kind, es ist für einen Blinden.

(Zur Erklärung für Nicht-BayerInnen: Weißer Pressack ist eine Art Sülze, schwarzer eine Art Blutwurst.)

Was wir sehen, hat Priorität. Ich sehe etwas, also ist es auch da. I see, sagt die englische Sprache und meint „verstehe". Ich sehe, also verstehe ich. Und dazu die Erkenntnis des Volkes, das sich einen Spruch dazu gedacht hat: I see said the blind man – and didn't see anything at all (was man dann auch nicht mehr übersetzen kann, denn auf deutsch sagt man ja nicht „ich sehe" für „verstehe"). Das Nachlassen der Sehkraft hat denn auch mehr mit dem Nachlassen der Koordination im Hirn, des Verstehens, der Lust, die Impulse zu verarbeiten, zu tun.

„Schlechte Augen" mögen genetisch angelegt sein, aber wie sehr die Sehfähigkeit abstürzt oder nicht, hängt stark mit einer lebendigen oder schlaffen Augenmuskulatur und mit einer Überforderung des Hirns, das Gesehene zu verarbeiten, zusammen. Kommen zu einer untrainierten Augenmuskulatur starker Drogen-, Alkohol-, Zigarettenkonsum, wenig Schlaf und übermäßiger Stress, dann ist das Nachlassen der Sehkraft keine große Überraschung mehr. Ich könnte jetzt sagen, dann wird es Zeit, die anderen Sinne stärker auszubilden und Drogen und Stress abzubauen, aber ich weiß selbst, wie sinnlos kluge oder blöde Ratschläge sind.

Der Glaube an den Vorrang des Sehens, an die Unfehlbarkeit der optischen Wahrnehmung ernährt ganze Berufsgruppen von Blendern, Täuschern, Zauberkünstlern, Werbefachleuten, Immobilienhändlern, Reiseunternehmern. Immerhin kennt die deutsche Sprache das Wort „Augenschein", was zwar „das, was du sehen kannst" bedeutet, aber Schein ist eben auch Täuschung. Und getäuscht werden wir hauptsächlich und besonders gern durch das Sehen, schon weil wir für wahr nehmen, was wir gesehen haben, und damit die Täuschung vollkommener und erfolgreicher wird.

Wie oft nehmen wir die zauberhaften Fotos eines Hotels am Meer in einem Katalog zum Anlaß, einen Urlaub zu buchen, nur um festzustellen, daß neben dem hübschen Hotel eine Großbaustelle, eine Autobahn, ein Kernkraftwerk, ein stinkender Hafen oder sonst etwas Grauenhaftes lauert.

Die Augen lassen sich besonders leicht täuschen, wenn das Hirn glauben will. Das geht so weit, daß die Augen sehen, was gar nicht da ist, nur um dem Hirn den Gefallen zu tun, wahrzunehmen, was es gerade braucht. Besonders anfällig sind wir für diese Art optischer Täuschungen, wenn wir uns verlieben und Beweise für den Wert der geliebten Person suchen. Da die Augen auf die Bewertung, die Einschätzung des Gesehenen durch das Hirn angewiesen sind, weil sie nicht selbst ein Bild wirklich zusammenbauen können, unterliegen sie einer starken Manipulierbarkeit. Wird das Hirn manipuliert (Sei doch vernünftig! Mach es mir doch nicht so schwer! Das stimmt schon! Sei nicht so mißtrauisch! Öffne dich! Kannst du dich nicht einmal einfach hingeben?!), haben die Augen nicht die geringste Chance, ein Bild zu vermitteln, das der Einschätzung des Hirns nicht entsprechen will.

Die optische Wahrnehmung wird frisiert, bis sie zum manipulierten Hirn paßt.

In dem Science-Fiction-Film „Matrix" ist diese Manipulierbarkeit der optischen Wahrnehmung interessant umgesetzt: Wir befinden uns in einer Zukunftswelt, der durch elektronische Manipulation der Menschen eine Art Schönheitsfolie vorgelegt wird. Wer es schafft, die Beeinflussung durch die Menschen-Roboter auszuschalten, sieht, daß die Welt in Wirklichkeit verkommen und verrottet und total trostlos ist.

Ein starkes Bild, das uns vielleicht übertrieben vorkommt, aber wird nicht bereits der sterbende Wald von unseren Hirnen zum romantischen deutschen Wald geschönt, ungeachtet der sichtbaren Schäden? Haben wir uns nicht derart an menschenfeindliche Architektur, an die Asphaltierung der Welt gewöhnt, daß wir sie kaum noch wahrnehmen? Vermutlich gibt es da einen Impuls im Hirn, der das Bekannte als vertraut und damit als „gut" oder wenigstens „akzeptabel, weil bekannt" speichert. Ich erlebe immer wieder, daß Menschen, die beim Anblick afrikanischer Zauberfiguren zurückschrecken, den gutaussehenden Bankbeamten, der ihnen gerade die Existenz entzieht, nicht furchterregend finden.

Was allgemein als „weibliche Intuition" gilt, ist doch in Wahrheit nichts anderes als das gleichzeitige ursprüngliche Verarbeiten der Wahrnehmung aller Sinne mit einem wachen Hirn, das noch nicht vergessen oder wieder gelernt hat, diese Eindrücke adäquat zu verarbeiten. Da wird eben nicht nur das Gesehene gewertet, das dann vom Hirn „vernünftig", also im Sinn der zivilisatorischen Abschleifung, eingestuft wird, sondern ein vielschichtiger

Eindruck des gesamten Körperuniversums. Wenn wir diese „Intuition" pflegen, gibt uns der Körper ganz klar all die Zeichen, die wir zur Einschätzung von Gefahr, von Bedrohung, von Bedrängnis brauchen.

Menschen, die viel in der Natur, mit der Natur arbeiten, haben gelernt, dem Augenschein zu mißtrauen. Mag der Himmel strahlend blau sein, das Wetter schön, der Fischer, der Seemann, Bäuerinnen und Bauern können auch einschätzen, was sie fühlen, hören, riechen. Ein plötzlicher Wetterumschwung mag dem Auge entgehen, dem Gefühl entgeht er nicht, schon gar nicht der Gefühlserfahrung.

Wollen wir jemanden überzeugen, setzen wir oft „schauen" oder „betrachten" ein: Schau mal... Betrachte es doch mal so... Wir appellieren an den Sehsinn und hoffen, damit die anderen Wahrnehmungen wegzudrängen, ganz besonders, wenn wir jemanden täuschen wollen.

Wenn wir allen Sinnen trauen würden und nicht nur den Augen, könnten wir vielleicht einer Verliebtheit, einer Beziehung entgehen, die sich verhängnisvoll auswirkt. Aber Verlieben geschieht durch die Augen. Das Auge erliegt der Bezauberung durch den Blick. Mögen ein paar Alarmglocken schrillen, mag die sexuelle Verbindung lausig sein, das Auge will sich verlieben, schaut nur dahin, wo es sieht, was es sehen will, was das Hirn zu erkennen vorschlägt, was dem Hirn vertraut ist.

Mit Blicken werden wir eingefangen, bezaubert, verzaubert, auf Abstand gehalten, bedroht, vernichtet, klein gemacht, aufgebaut. Blicke bestätigen, wie schön oder wie häßlich wir angeblich sind. Blicke vermitteln Anerkennung, Ablehnung.

Was ein Blick vernichtet hat, können tausend Worte nicht wieder aufbauen. Der Blick brennt sich ins Gedächtnis ein, bleibt im Gehirn haften. Der Kontakt von Auge zu Auge ist stärker als jedes Wort, wie mächtig die Sprache auch sein mag. Da wir fast alle an Demütigungen und Herabminderung gewöhnt sind, prägen sich abschätzige, höhnische, verächtliche Blicke mehr ein als ermunternde. Die enge Beziehung zwischen fremden und eigenen Augen, zwischen den eigenen Augen und dem Gehirn kann sich auf unser Selbstbewußtsein verhängnisvoll auswirken.

Andererseits glauben wir nicht, was wir nicht gesehen haben; erst wenn wir etwas sehen, mag das Bild auch verfälscht, manipuliert sein, gilt es uns als wahr. Deshalb denken wir bei Wahrnehmung auch eher an den optischen Eindruck und weniger an andere Sinneseindrücke. Das Organ, das am leichtesten zu täuschen ist, wird uns zum Wahrheitsorgan.

Der Betrug am Sehsinn beginnt schon in den ersten Lebensmonaten. Eltern gehen in der Regel nicht davon aus, daß ihr neugeborener Säugling wirklich wahrnimmt, was sichtbar ist, Szenen der Gewalt, der Leidenschaft, der Frustration. Was macht es mit der Sehkraft, wenn das Gesehene verboten wird, nicht eingeordnet werden kann? Wenn dir gesagt wird, daß das, woran du dich erinnerst, nicht wahr ist? Wenn das Hirn das Gesehene sofort in den Keller packt, weil es zu grausam ist, um es zu verarbeiten? Was die Augen gesehen haben, gräbt sich ins Archiv des Körperuniversums ein. Wenn es nicht mehr abgefragt werden darf, wird das Sehen irritiert, die Verbindung zwischen optischer Wahrnehmung und Verarbeitung gestört.

Welche Auswirkungen mag das auf die Fähigkeit, klar und scharf zu sehen, haben? Wie wirken sich sexueller Mißbrauch oder Gewalt in der frühen Kindheit auf den Sehsinn aus? Was passiert mit der Sehschärfe, wenn du nicht denken magst, was du sehen mußtest?

Was passiert überhaupt mit den Sinnen, wenn dir eine Gefahr als Sicherheit, Gewalt als Liebe, Grausamkeit als akzeptabler Alltag präsentiert werden? In der Zeit des Geschichtenerzählens und der Gesänge, die die Geschichte eines Stammes, eines Klans, einer Gemeinschaft beschrieben, erlebten wir das Erzählte, das Gesungene mit allen Sinnen. Die Fantasie baute die Situation aus, erlebte das Fühlen, das Schmecken, das Riechen mit, das Schaudern, das Freuen. Wenn sibirische Schamaninnen Lieder über die unteren und oberen Welten sangen, konnten die Zuhörenden nicht nur die DämonInnen und Geister sehen, sie hörten auch ihre schrecklichen Stimmen, ihre verführerischen Worte, sie rochen den Moder des Verwesenden und die köstlichen Gerüche des Geistermahls.

Was erzählt, gesagt, gesungen wird, wiederholt sich in der Gegenwart, erfüllt sich durch die Sinne der Beteiligten, gewinnt neue Wirklichkeit im Augenblick. Schrecken läßt die Haut abkühlen, stellt die Haare auf, jagt Gänsehaut über den ganzen Körper. Schönes läßt die Haut glühen, die Wangen rot werden, umschmeichelt alle Sinne, vermittelt Glückseligkeit.

In den Ritualen, den Zauberseancen der Schamaninnen und Zauberinnen werden alle Sinne geweckt, gefordert, miteinander, mit dem Hirn, mit den alten Archiven in Stammhirn und Rückenmark in Verbindung gebracht.

Wirklichkeit wird gestaltet und körperlich erfahrbar gemacht.

Im Zeitalter von Fernsehen und Computern deckt die Flut von Bildern, von optischen Eindrücken alles ab. Was wir wahrnehmen, FÜR WAHR NEHMEN sollen, wird uns vorgegeben, die Fantasie hat wenig Spielraum. Die Sinne werden nicht geweckt, sondern gesteuert.

Als ich einmal mit den zwei kleinen Jungen meiner Hausgemeinschaft in Afrika einen Nationalpark besuchte, beklagten sie sich, daß das doch keine richtigen Löwen seien und daß man keine Großaufnahmen von ihnen sehen könnte. Das Fernsehbild von Afrika hatte Afrika abgelöst. Das hier war jedenfalls nicht die Realität, die als Bild bekannt und eingespeichert war.

Andererseits hatten die Mücken überhaupt keine Existenzberechtigung, denn die gab es in den Filmen über Afrika schließlich auch nicht.

Die Lust am Reisen ernährt sich hauptsächlich vom Sehen. Natürlich weiß ich, daß das italienische Essen, der Wein, der Geruch blühender Orangenbäume oder von Holzfeuern sich in die Erinnerung eingräbt. Aber Gerüche kannst du nicht mit nach Hause nehmen. Auch Tonaufnahmen werden eher selten mit zurückgebracht. Dafür aber jede Menge Fotos, Videofilme und die Dias, mit denen Freunde und Bekannte so gern traktiert werden. Beweise für Erlebtes werden optisch eingefordert und optisch erbracht.

Im Basislager von Chomolungma (Everest) bastelte ein Franzose an einer Bildkombination: Er setzte in das Gipfelfoto vom Everest ein Foto von sich selbst in blauer Montur ein – nur zum Spaß, und doch kann ein solches Foto „Beweis" für seinen Gipfelgang werden. Vielleicht ist es eine Chance, daß optische Beweise mittlerweile derart manipuliert werden können, daß wir uns endlich auf nichts mehr verlassen und wieder ganz unseren fünf Sinnen trauen müssen, dürfen. Jetzt wird jeder Mensch täglich gefordert: Wo stehst du, was erlebst du, was siehst du, was stinkt dir, was schmeckt dir, was fühlst du, was glaubst du, wie setzt du deine Welt zusammen und wie nimmst du darin Raum ein? Welche Bilder überzeugen dich und welche nicht? Und daraus könnte werden: Glaub nichts, trau niemandem.

Oder du machst es wie ich: Ich habe grenzenloses Vertrauen. Ich traue allen alles zu.

Ich sitze in der S-Bahn, es ist kurz nach Mitternacht. Der Wagen ist leer. Plötzlich spüre ich ein Kribbeln im Nacken. Komisch, denke ich, der Wagen ist doch leer. Ich drehe mich um, ein Mann taucht ganz hinten zwischen zwei Sitzen auf. Er starrt mich an. Malocchio? Keineswegs. Malocchio ist das, was jetzt passiert. Ich gehe auf ihn zu und tue, was in Sizilien „jettare il malocchio" genannt wird. Ich werfe einen Blick der Macht auf ihn. Er kennt das offensichtlich noch nicht. Wir sprechen kein Wort, aber er steigt in Panik an der nächsten Haltestelle aus.

Seit dem Beginn monotheistischer Religionen wird das Wissen der Frauen gefürchtet, man schützt sich vor dem „bösen Blick" der Frauen, während der männliche, übergreifende Blick eher Besitzanspruch, körperliche Überlegenheit demonstriert. Zum „bösen" Blick konnte der freie Blick einer Frau erst durch ihre Unterdrückung, Ausbeutung und Gefangenschaft werden.

Es gibt einen Blick der Macht, der bis zum Anfang des Universums zurückreicht, als alles Energie war, einen Blick, der in all diesen Schichten vom Anfang bis heute, von ganz außen bis zum feinsten Mikrokosmos genährt wurde und wird, einen Blick, der alle Absichten enthüllen kann, einen Blick, der die Materie durchdringt und hinter die Konzepte und Ängste schaut. Es gibt einen Blick, der kommt von weither und vom tiefsten Inneren, kennt weder Gesetz noch Höflichkeit, orientiert sich nicht an kulturellen Tabus und Gepflogenheiten. Einen Blick, der unabhängig von Augen und dem dazugehörigen Körper frei strahlt, unaufhaltsam, überall hin, nicht zu bändigen, nicht zu bündeln. Dieser Blick, der in der westlich zivilisierten Kultur selten geworden ist, wächst nur in einem Frauenkörper.

Die indische Leben-und-Tod-Göttin Kali, die Hüterin der Zeit und der Zeitlosigkeit, hat diesen Blick, und dafür braucht sie keine Augen, sie kann ihn wie im Kalighat-Tempel von Kalkutta auch aus einem schwarzen Stein abstrahlen. Auch das „Licht der Wahrheit" der osteuropäischen Göttin Babayaga, das aus einem Schädel strahlt, ist diesem Blick vergleichbar, dieser Energie, die alle blind macht oder tötet, die nicht wahrhaftig bei sich sind.

Viele Reisende streiften auf ihren Hin- und Rückwegen ins „gelobte" Land, nach Ägypten oder Afrika, Süditalien. Von dort, aus Sizilien, stammt der Begriff „malocchio", genau übersetzt heißt er „schlechtes Auge". Die „Küchenhexen", Frauen, deren Magie aus Zutaten wie Zwiebeln, Peperoni, Pfeffer, Kräutern, Mehl und Milch gewebt wurde, riefen zur Bekräftigung ihrer Zaubersprüche „Makala". Hier haben wir einen Hinweis, wie das Auge, die Magie und die Mammas zusammengekommen sein mögen: Makala, Mahakala, die große Kali, die Göttin mit den drei alles sehenden Augen, die Göttin, die nach innen, nach außen und jenseits der Zeit sehen kann, bekräftigt die Sprüche der alten sizilianischen Zauberinnen.

Auch die Gorgonen und insbesondere Medusa symbolisieren den „bösen" Blick. Wer in Medusas Augen schaut, erstarrt. „Vom starren Blick erstarrt des Menschen

Blut, und er wird fast in Stein verkehrt, von der Meduse hast du ja gehört", schreibt Goethe, der eine Skulptur von Medusas blicklosem Gesicht besaß.

Der Blick der Macht und der starre, leere Blick gelten als böser Blick, aber gefährlicher noch ist der Blick, der aus Neid geworfen wird. So gefährlich wie Körperflüssigkeiten, Blut oder Spucke, die als magische Verlängerungen der Energie einer Person gelten, wird auch die „magische Ausscheidung einer Frau" (Thomas Hauschild, „Der böse Blick"), der Blick gesehen. Im Gegensatz zum „segnenden" Auge Gottes wird der herausfordernde Blick der Frau als massive Bedrohung empfunden.

Ich habe in meiner Jugend nicht ein einziges Mal Protest vernommen gegen die voyeuristische Energie Gottes, der alles sieht und anscheinend nichts anderes zu tun hat, als Menschen zu beobachten und dann aber nicht einzugreifen. Daß Gott da oben sitzt und die totale Überwachung durchzieht, schien völlig akzeptabel. Andererseits habe ich oft Kritik am unangemessenen Blick der Frauen gehört, bei uns hieß das „ein freches Geschau haben". Die Realität, daß Männer uns pubertierende junge Frauen beglotzten und das Wachstum unseres Busens kommentierten, wurde dagegen nicht kritisiert. Es schien, als hätten Männer und ihr Prototyp Gott ein Recht auf Blicke, Frauen nicht. Falls Frauen von ihren Augen Gebrauch machten, wurden (und werden) sie des frechen, des „bösen" Blicks bezichtigt. Das hängt wohl auch damit zusammen, daß Frauen, wenn sie wirklich schauen, alles sehen, so wie sie, wenn sie sich etwas in den Kopf setzen, es auch bekommen.

Der Begriff des „malocchio" ist überhaupt nur im Patriarchat denkbar, denn der freie, nicht domestizierte Blick, der eine freie, gut funktionierende Lebensgemeinschaft sieht, in der es keine sozialen Ungerechtigkeiten gibt, in der jeder Mensch den eigenen Lebensraum einnehmen kann, ist nie ein aggressiver, gefährlicher Blick. Bedrohlich wird der Blick, der Ungerechtigkeiten sieht und Gerechtigkeit sucht. Der Blick, der aus einem Leben in Armut, Not und Mangel heraus Wohlstands- und Statussymbole, Reichtum und Fülle sehen muß. Die Anthropologin Mary Douglas identifiziert Magie und bösen Blick als Mittel der Armen. Mögen die Reichen Besitz haben – die Armen haben die Magie aus der Küche, aus den verborgenen Räumen der Frauen.

Gegen den Blick des uralten Wissens, der zeitlosen Eigen-Macht wurden Tausende Mittel erfunden, Bücher geschrieben, die heftigste Waffe des Patriarchats wurde eingesetzt, um ihn zu vernichten, die Diffamierung und Ermordung der Frauen, die diesen Blick in sich trugen. Aus dem wissenden Blick wurde der „böse" Blick.

Die Gegenmittel sind bekannt: Schlag deine Augen nieder, schau nicht so frech, schau Erwachsenen niemals direkt in die Augen, wage es nicht, deinen Blick entgegenzusetzen. Was hat es genützt, die Frauen als Hexen zu töten, all die nachwachsenden Frauen mit Gehirnwäsche zu schleifen? Nichts. Da ist er wieder: der Blick der Macht. Ohren, Nase, Haut oder Geschmackszellen können nicht angreifen, der Blick schon. Der Blick spiegelt die Erinnerung an den freien Willen und die Eigenmacht.

Ein Blick kann zum Übergriff werden, der sehende, erkennende Blick, der bewußte Blick, der das Verborgene ans Licht holen will. Gesehen werden, beobachtet werden, heißt auch angegriffen werden. „Ich schau dir schon nichts weg", sagte die Schneiderin, die meine Kinderkleider nähte, als könne der Blick etwas rauben. „Pigliata d'occhio" heißt dieser Augenraub in Sizilien, und das Phänomen geht, folgt man Mary Douglas, zurück auf die Hexerei bei den Zande in Zentralafrika. Ist der böse Blick einmal geworfen, braucht es eine „fattuchiera", eine Frau, die ihn wieder fortnimmt und das Opfer heilt.

In vielen Kulturen gibt es die Tradition, sich schäbig, in Lumpen zu kleiden, um den eigenen Reichtum nicht zu zeigen und so den Blick des Neids, den klassischen malocchio-Blick zu vermeiden. Was gesehen wurde, ist irreversibel. Das Gesehene kann nicht aus der Erinnerung getilgt werden. Obwohl das Gefühl viel genauer ist, wird eher ein Gefühl als trügerisch abgetan als ein Bild.

Noch heute bin ich meiner Mutter dankbar, daß ich frei von ihrem prüfenden Auge aufwachsen durfte, daß sie nicht jeden meiner Schritte beobachtete, mich nicht zum Forschungsobjekt ihrer Erziehungsversuche machte. Das beobachtete Objekt wird aus dem Zustand des In-Sich-Ruhens herausgerissen, seiner Intimität beraubt, zerlegt, in seiner Substanz zerstört. Beobachtung zieht meist Veränderung, Eingreifen nach sich. Aus dem Gesehenen werden Schlüsse gezogen und Maßnahmen zur Unterwerfung, zur Domestizierung ergriffen.

Wer beobachtet, will meistens auch manipulieren, sucht Macht über das beobachtete Objekt. Das Beobachtete verändert sich unter dem Blick. Tiere reagieren unmißverständlich darauf. Hunde antworten auf den beharrlichen Blick, das Starren mit Aggression. Zu recht fühlen sie sich angegriffen und müssen jetzt die Machtverhältnisse klären. Starrst du einen Hund an, wird er die Zähne fletschen, knurren, hörst du nicht auf zu starren, beißt er. Da du nicht zurückbeißen kannst, solltest du das lassen. Ich warte darauf, daß von Psychotherapeuten beobachtete Menschen mal beißen. Sie tun's vermutlich nicht, weil sie fürchten, in die Psychiatrie eingeliefert zu werden.

Katzen greifen nicht an, solange man sie mit dem Blick fixiert, weil sie den Blick fürchten, was dazu führte, daß Reisbäuerinnen in Indien auf dem Hinterkopf Masken mit großen Augen tragen, um nicht von Tigern angegriffen zu werden. Der Blick, der nicht weicht, fordert Macht ein. Dringt in fremdes Gebiet, erobert, greift an. Da die Augen als Tore zur Seele gelten, war (und ist) es im Abwehrzauber wichtig, von den eigenen Augen abzulenken, um den eindringenden Blick zu bannen. Der Punkt, den indische Menschen sich zwischen die Augen malen oder kleben, hat eine solche Abwehrfunktion, ebenso wie die Augensteine, die um den Hals getragen werden.

Der erste Blick gilt als der gefährlichste. Deshalb wurden weltweit in allen Kulturen Amulette und Talismane erfunden, um diesen ersten Blick abzulenken. Augenidole gibt es schon in sumerischen und babylonischen Kulturen vor etwa 8000 Jahren, mit Augen schützten sich die Menschen im alten Ägypten, die Phönizier stellten Augenperlen aus Glas her und fertigten daraus Schutzketten.

In Indien, Nepal, Tibet und in Südostasien werden zum Schutz der Menschen auf Haus- und Tempelwände Augen gemalt. Afrikanische Buschtaxis und Lastwagen fahren mit aufgemalten Augen über den Scheinwerfern, um den Fahrer Gefahren rechtzeitig erkennen zu lassen. Das Auge schützt und öffnet die Augen der Person, die sich mit Augensymbolen umgibt.

Woher die mythischen, geheimnisvollen tibetischen Dzi-Perlen kommen, braune Achate mit weißen, geätzten Mustern und Kreisen, den sogenannten „Augen", wer sie gemacht hat und wie alt sie sind, ist nach wie vor unbekannt. Tibetische Bauern finden sie immer wieder beim Pflügen auf ihren Äckern. Vermutlich sind sie mehrere tausend Jahre alt. Auch Achate mit „natürlichen" Augen, also weißen oder gelben Kreisen und Punkten, werden in Tibet, Nepal und Indien als Augensteine, als Abwehrzauber hoch eingeschätzt. Wer einen solchen Augenstein besitzt, trennt sich selten von ihm, denn sie gelten als Glücksbringer. Es heißt auch, daß sie nur bei glücklichen Menschen bleiben. Die meisten Augensteine, die es heute auf Märkten zu kaufen gibt, sind nachgearbeitet, wobei es bis heute nicht gelungen ist, die Ätztechnik der ursprünglichen Dzistein-Hersteller zu analysieren.

Altindische Kulturen wie die von Harappa benutzten ebenfalls Achate, rote und rosarote, um sie mit „Augen" zu ätzen und als Schutzsteine zu tragen.

In Süditalien ist die Abwehrmagie gegen den bösen Blick unverblümt: Das Männliche, z.B. ein Penis, soll gegen das Weibliche schützen, also den bösen Blick. Hier wird klar, daß das patriarchale Prinzip das alte mutterrechtliche verdrängt hat. Nicht mehr nährend, schützend und behütend ist das Weibliche, sondern bedrohlich. Unterworfen wird die Frau nicht mit Waffen, sondern mit Sexualität, mit dem Penis.

Ursprünglich wurden die Vulva-Form, Brüste oder Symbole für den weiblichen Körper, weibliche Idole zum Beispiel, als Schutzmittel eingesetzt.

Die Tradition, sich durch weibliche Kraft zu schützen, geht bis in die Jungsteinzeit zurück. Das Weibliche stärkt, weil es das Mächtige ist. Auch heute käme wohl kaum eine auf die Idee, einen Penis als Schutzidol zu verwenden, repräsentiert er doch für viele Frauen Bedrohung und zugleich auch schwankende Energie. Wer würde sich mit einem Mittel schützen wollen, das die meiste Zeit kraftlos herunterhängt? Abwehrzaubermittel nutzen das Prinzip des Sympathiezaubers: Gleiches zieht Gleiches an, Gleiches heilt Gleiches, Gleiches vertreibt Gleiches. Augenidole, Augenamulette wurden gegen den bösen Blick getragen, um ihn sofort abzulenken. Ist der erste Blick eingefangen, gilt die Gefahr als gebannt. Das Augenamulett arbeitet mit der Erkenntnis, daß der Blick immer von einem Auge angezogen wird, egal was es sonst noch an interessanten Sehenswürdigkeiten gibt.

Augenamulette werden ihrer blickabweisenden und glückbringenden Wirkung wegen dem „malocchio" entgegengesetzt wie zum Beispiel die silbernen Votivbleche in Augenform, die in Wallfahrtskapellen deponiert werden. In Tell Brak in Syrien wurde eine Frauenstatue aus der Zeit um 3000 vor unserer Zeitrechnung gefunden, deren überbetonte starre große Augen offensichtlich zur Abwehr von Gefahren gedacht waren; hier wird auch klar, worin der Schutz von Augenamuletten oder Augendarstellungen zur Abwehr besteht: Das Machtsymbol wehrt fremde Macht ab. Aus der gleichen Zeit stammen sumerische Tontafeln, die über den gefährlichen, eindringenden Blick berichten, und ebenfalls aus dieser Zeit datieren die ersten „Augen"perlen, Karneole mit Einschlüssen, die Augen symbolisieren. Die in Ägypten gefundenen udjat-Amulette, auch Horusaugen genannt, hatten wohl auch eine Gefahren abwendende Funktion. Im 3. Jahrhundert vor unserer Zeitrechnung behauptete der Gründer der Rabbinischen Akademie in Sura, Babylonien, daß 99 von 100 Menschen durch den Bösen Blick zu Tode kämen.

Mit dieser Definition des „malocchio" wurde ein ganz anderes Phänomen verschleiert und der Aufmerksamkeit entzogen: die Gewalt der patriarchalen Religionen und ihr exklusiver Machtanspruch. Nach dem Prinzip „Haltet den Dieb!" lenkten die Religionsmanager Angst, Mißtrauen und Kritik von sich auf „Hexen" ab. Wahr ist, daß Blicke tief eindringen und verborgene Geheimnisse hervorholen können. Wahr ist aber auch, daß Millionen Menschen nicht am Bösen Blick, sondern an den Vernichtungsstrategien patriarchaler Religionen zugrunde gingen.

WissenschaftlerInnen sind sich bei einem Symposium 1972 einig geworden, daß die Definition des Bösen Blicks erst mit der Seßhaftigkeit auftaucht, also mit der Einführung von Privatbesitz. In matriarchalen Siedlungen wie Catal Hüyük oder Malta finden sich keine Augenidole, die dargestellten Frauen oder Göttinnen haben meist keine Augen oder nur angedeutete. Durch die Abwesenheit von Gefahr war Abwehrzauber weder nötig noch vorstellbar. Auch auf steinzeitlichen Felszeichnungen in der Sahara oder in Europa tauchen Augen nicht auf. Dafür finden sich Spiralen und Dreiecksformen, Ovale und Rauten, die

Vulva, Eileiter, Eierstöcke oder Brüste darstellen, wie Marija Gimbutas („Die Sprache der Göttin") und Marie König („Am Anfang der Kultur") beschrieben. Kraft und Schutz wurden in matriarchalen Kulturen offensichtlich durch Symbole des Weiblichen ausgedrückt. In Sumer, Babylonien und im Hethiterreich tauchen etwa 4000 vor unserer Zeitrechnung die ersten Augenidole auf. Kleine stilisierte Körper mit übergroßen Augen, oft in Gestalt einer Eule. Auch in der Vincakultur, etwa 4500 vor unserer Zeitrechnung, tauchen kleine Tonfiguren mit übergroßen Augen auf, und etwa zur selben Zeit werden in Mohenjo-Daro und Harappa im Indusdelta die ersten Augenperlen hergestellt.

Daraus läßt sich schließen, daß die Schutzfunktion von Augen, Augensymbolen und Augenidolen erst mit Beginn des Patriarchats wichtig wurde. Noch heute ist für Menschen in Tibet oder Indien, für Berber und Tuareg in Nordafrika eine Augenperle notwendig, um sich vor den alltäglichen Gefahren zu schützen, und die bestehen nach wie vor in Überfällen, Diebstahl, Bedrohung von Leib und Leben.

In christlichen oder muslimischen Zusammenhängen symbolisieren Augenamulette oft auch die religiöse Lehre und das alles prüfende Auge Gottes oder Allahs. In manchen Kulturen (Ägypten, Tibet) können Augensteine aber auch die Funktion eines dritten, zusätzlichen, magischen Auges erfüllen. Das Achatauge als Talisman öffnet den Blick in die andere Wirklichkeit. Der wilde Blick der Natur, verkörpert durch eine natürliche Augenzeichnung im Stein, öffnet den wilden Blick im Körper, erhält die Sehkraft. In China sind Glasperlen mit Augen seit etwa

500 vor unserer Zeitrechnung nachgewiesen, in der Zeit der Han-Dynastie wurden Schutzperlen mit Augen aus Fayence gefertigt.

Auch Meteorsteine gelten – zum Beispiel in Peru – als Augensteine. Sie verbinden die Person, die den Stein findet, mit dem universellen Blick, dem alten Wissen des Kosmos. In Gräbern liegen Meteorsteine oft neben Gefäßen und Schmuck. Peruanische Schamanen suchen in frühgeschichtlichen Gräbern nach solchen Meteorsteinen, weil sie den magischen Blick öffnen, den vernichtenden Blick abhalten können. Bernstein soll nach altgriechischer Vorstellung aus den Tränen der zu Pappeln verwandelten Heliaden entstanden sein, weshalb auch der Bernstein als Augenstein gilt, der Augenkrankheiten, aber auch Wahnbilder verhindern kann.

Tieraugen, in Amulettbeuteln getragen, sollen dem Volksglauben nach Augenkrankheiten heilen oder verhindern. Fledermausaugen machen unsichtbar, Schlangen- oder Schwalbenaugen stärken die Sehkraft, Hirschaugen die Potenz. Solche magischen Abwehr- und Aufbaumittel basieren auf dem patriarchalen Brauch, schwächere Wesen auszunutzen, um die eigene Lebenskraft zu stärken.

Gemalte Augen an Häusern, Autos oder Zäunen bannen den begehrlichen Blick, lenken fremde Augen ab, kontrollieren aber auch. Als ich noch auf dem Land lebte, habe ich eine interessante Erfahrung gemacht. Immer wieder ließen Ausflügler Abfall am Seeufer zurück. Ich malte zwei Augen auf ein Holzbrett, das ich ans Bootshaus nagelte. Kaum hing das Brett mit den Augen da, war das Abfallproblem erledigt.

Auf dem Grund des wilden Blicks wohnt ein Lächeln. Eine Heiterkeit über die Welt, wie sie ist, die Unzulänglichkeiten, Grausamkeiten, Hindernisse und Widrigkeiten, die Schönheit und die Wunder. Er wächst in der Dunkelheit der Nacht, genährt vom Licht der Sterne, vom Atem, der unaufhörlich durch den Körper fließt. Gedanken umspielen ihn. Der wilde Blick lebt aus der intensiven Verbindung zum Fühlen, Riechen, zum Geschmack auf der Zunge, zu Klängen und Tönen. Auf dem Wipfel des Wirbelsäulenbaums sitzen die zwei Augen, drehen sich, schließen sich, öffnen sich, sinken in ihre Augenhöhlen, nehmen auf, nehmen wahr und geben das Gefundene weiter, diskutieren alles mit der Haut, mit Hand und Fuß, den grauen Zellen, dem Rückenmark, dem Bauchkessel. Der wilde Blick ist nicht einfach der Seh-Sinn, sondern die Verbindung der Augen mit den Sinnen, dem Stammhirn und den Zentren der Archivierung im Körper. Das dritte Auge der Echsen beschreibt, wo der wilde Blick angesiedelt ist – am Hinterkopf, ungefähr dort, wo die Amyggdala, dieses kleine Mandelkernzentrum im Stammhirn liegt. Alle Sinne registrieren die Impulse der Außen- und die Empfindungen der Innenwelt, dann wird das alte Archiv tätig und holt hervor, was es zu erinnern gibt. Das aktiviert den wilden, den alten, den ursprünglichen Blick auf die Dinge.

Der wilde Blick fällt zwischen die Bilder, hinter das Offensichtliche und landet irgendwo da, wo die Absicht vor jedem Bild, vor jeder Materialisierung liegt.

Als Kind liebte ich es, vor dem Einschlafen aus der Wand die Gestalten kommen zu lassen, die dort lebten. Die erste war eine ganz dünne Frau, die aus den drei Strichen herausschlüpfte, die mit einer Musterwalze über die Grundfarbe gedruckt worden waren. Ich nannte sie Elisabeth und unterhielt mich mit ihr über alles mögliche. Sie sagte mir zum Beispiel, daß es nicht wirklich mein Problem wäre, ob Wolfi mich liebte oder nicht, und das zu einer Zeit, als ich rasend in einen Wolfi verknallt war und mir nicht vorstellen konnte, daß es eine Welt ohne Wolfi tatsächlich gab. Da war ich acht. Später wohnte Elisabeth auf dem Dach des Tapeziermeisters unter einem kaputten Dachziegel, ich hob ihn auf, und sie kam heraus. Ich mußte ihr entgegenkommen: Sie näherte sich mir als Form und Energie, ich gab ihr Gestalt, malte sie mir aus. In der Wand des Kinderzimmers wohnten noch ein Josef und eine Art Hund. Als ich das einmal meiner Oma erzählte, sagte sie, es sei ein Schmarrn. Allerdings behandelte sie mich irgendwie mit Respekt, wenn ich über die BewohnerInnen der Wand sprach.

Manchmal höre ich Erwachsene Kindern sagen, das, was sie sehen, sei gar nicht da. Das ist natürlich ein bißchen wie mit den Farbenblinden. Sie sehen alles grau, das ist aber kein Grund, anderen Menschen Farben auszureden. Wer kurzsichtig ist, kann den Vogel hoch am Himmel vielleicht nicht erkennen, sieht eine Person mit guten Augen diesen Vogel, wird sie vermutlich das Problem haben, ihre Beobachtung zu beweisen. Es scheint, daß die Begrenzung bei uns die Norm ist. Der Scheuklappenblick ist akzeptiert. Der wilde Blick ist suspekt. Das ist verständlich, denn er transzendiert die Grenze zwischen „Wirklichkeit" und „Einbildung", zwischen „real" und „esoterisch", jedenfalls sind das die hilflosen Erklärungsversuche in unserer Kultur, die aber niemandem weiterhelfen und viele Menschen in den Wahnsinn treiben.

Auch die Fähigkeit, Töne und Zahlen als Farben zu sehen, brachte mir als Kind keine Sympathien ein. Ich mußte das „Farbensehen" lange verdrängen, obwohl ich mit Farben Cello spielen und rechnen lernte. Als ich Kind war, gab es das Phänomen, Töne, Zahlen und Buchstaben mit Farben zu sehen oder zu hören, das heute ja in vielen wissenschaftlichen Veröffentlichungen diskutiert wird, in der Forschung noch nicht. Deshalb konnte ich mit niemandem über diese beglückende Verbindung sprechen.

Ich behielt also meine Angewohnheit für mich, aber die Noten auf dem Papier waren weiterhin Farben, ich merkte mir die Farbabläufe und spielte das Stück dann aus der Erinnerung, wobei ich so tat, als spiele ich vom Notenblatt ab, das mir nach der Memorierung mit Farben absolut nichts mehr sagte. Wenn es mir gelang, schwierige mathematische Aufgaben zu lösen, dann nur, weil ich sowohl die Fragestellung als auch die Lösung in Farben umsetzte. War der Druck stark, gelang es mir nicht, und ich stellte meinen Verstand in Frage.

Bei einer Reportage über Everest-Besteigerinnen merkte ich mir die oft komplizierten Namen durch Farben wie zum Beispiel die erste indische Frau auf dem Gipfel,

Bachendra Pal, deren Namen ich in einem handgeschriebenen Expeditionsbericht in einer Bibliothek in Kathmandu fand, durch die Farbe Blau (a ist für mich blau). Ich hatte keinen Stift dabei. Ohne die Visualisierung der Informationen durch Farben hätte ich vieles vergessen.

Der Wunsch, die Welt der Geister, des Nichtfaßbaren, nicht unbedingt Sichtbaren auszugrenzen und damit die Welt des Sichtbaren, der Materie, dessen was wir Realität nennen, zu schützen, entspringt einer alten Angst. Wir wissen nämlich nicht, was die Geister vorhaben. Wir haben nicht ihre Möglichkeiten, können uns nicht irgendwohin beamen, Wände durchdringen, uns auflösen. Wir leben in einem Körper, der das Körperlich-Materielle als Realität braucht, der sich über die Materie absichert. Aber die Energie, die den Körper belebt, treibt, steuert, anregt, lebt von der Welt der Impulse, der Bilder, dem wilden Blick, der Fantasie, der Träume.

Alle westlich-zivilisierten Programme laufen darauf hinaus, die Kinder aus der Traumzeit zu scheuchen, um sie „widerstandsfähig" zu machen, leistungsfähig in einer Gesellschaft, die nur Erfolg und Geld wirklich zu schätzen weiß. Dabei sinken alte Schätze in die Vergessenheit, und wenn die Zivilisierung gelingt, ist der Mensch, dem sie eingeschliffen wird, gebrochen.

Wenn wir die verschiedenen Welten fühlen, sehen, leben können, kommen wir schnell auf rituelle Spiele und Gewohnheiten der Stammeskulturen. Dann haben wir plötzlich wieder das alte Bedürfnis, das nicht Sichtbare in die sichtbare Welt zu integrieren. Rituale zur Achtung dessen, was wir nicht sehen, nicht verstehen können, gehören zum spirituellen Leben aller Stammeskulturen. In unserer Kultur stellt sich die Frage: Können wir unseren Augen wirklich trauen? Wie mir meine alte Freundin Barbara erzählte, war für sie das Hauptproblem in ihrer Ehe, daß sie ihren Augen nicht trauen konnte, daß das, was vorgespielt, vorgespiegelt wurde, nicht der Wirklichkeit entsprach, daß sie sich durch diese Täuschungen eine Realität aufdrängen ließ, die sie fast stumm machte. Sie fing an, an ihrem Verstand, an ihrem klaren Blick zu zweifeln, zu verzweifeln.

Das helle Sehen hängt von drei Faktoren ab:
- den körperlichen Voraussetzungen, also den Muskeln, die die Augen bewegen;
- der Koordination des Gesehenen durch das Hirn;
- der spirituellen Ebene, auf die das Gesehene trifft, von der es verarbeitet wird.

Die körperliche Voraussetzung ist – von schweren Augenerkrankungen oder sonstigen Leiden, wie z.B. Diabetes abgesehen – eigentlich die am wenigsten wichtige. Die Muskeln, wie auch der ganze Körper, werden immer dem Impuls, der Motivation folgen, die sie leiten. Bei einer Freundin ließ mit etwa 50 die Sehkraft stark nach, der Augenarzt sagte, sie würde von nun an immer schlechter sehen, weil sie älter werde und dazu einen Beruf habe, der die Augen anstrenge (sie ist Modeschöpferin). Sie wollte sich damit nicht abfinden und dachte dagegen an, mit dem Ergebnis, daß sie bis heute keine Brille braucht (sie steuert auf die 60 zu).

Auch meine Geschichte bestätigt, daß körperliche Voraussetzungen allein das Sehen nicht wirklich beeinträchtigen. Daß ich mit zwanzig eine Brille brauchte, schien mir nur logisch: Meine Mutter sah sehr schlecht, in der Familie gab es fast nur BrillenträgerInnen. Augengymnastik war sicher nicht unerheblich beim Lösen meines Problems. Weitaus wichtiger aber erscheint mir das Vertrauen, das ich in meinen Körper setzte, die Lust am spielerischen Ausdehnen meiner Sehkraft und Imaginationen, die mich stärkten.

Die Verarbeitung des Gesehenen durch das Hirn wird unterschätzt. Die Sehkraft des Menschen ist nämlich gar nicht so toll, Fliegen würden sich über unsere beschränkte Sicht totlachen. Vermutlich würden sie denken, wir sollten bei dem jämmerlichen Zustand unserer Augen besser gleich mit Brillen geboren werden. Allerdings fängt das Hirn eben viel auf. Wir sehen verschwommen. Die Sehschärfe liegt nur in einem sehr kleinen Bereich genau in der Bildmitte. Alles andere kombinieren wir uns aus dem gewonnenen Wissen über unsere Realität zusammen. Je mehr wir sehen, lustvoll verarbeiten durften, je vielfältiger unsere Wahrnehmung der Welt ist, um so schärfer das Bild der Welt.

Die schon erwähnte Verarbeitungsfaulheit des Hirns entspringt einerseits dem Impuls: Ich will das gar nicht mehr sehen, ich kann das nicht mehr sehen. Ich habe genug gesehen. Andererseits wird sie durch ständige Frustration der Wahrnehmung ausgelöst: Ich kann meinen Augen, meinen Sinnen nicht trauen. Ich weiß genau, ich sehe doch, ich fühle doch – aber jemand sagt: Es stimmt nicht. Du spinnst. Du hast keine Ahnung. Das macht müde. Da kapituliert zuerst das Hirn, dann das Auge.

Was aber ist mit der spirituellen Ebene, auf die jede Wahrnehmung trifft, von der jede Wahrnehmung überprüft wird? Wenn deine Gefühle ständig verknotet werden, wenn du deiner Wahrnehmung nicht mehr trauen kannst, wenn deine Intuition als bizarres, esoterisches Phänomen diffamiert wird, verlierst du den spontanen Zugang zu deinem spirituellen Nährboden. Du traust nicht nur deinen Wahrnehmungen nicht mehr, du traust dir selbst nicht mehr. Du verbündest dich mit der Besatzermacht – und auf eine beängstigende Art sind wir ja patriarchale Besatzungszone, bis wir die uns aufgedrängten Gesetze außer Kraft setzen und uns befreien in unser eigenes spirituelles Spielfeld hinein.

Es klingt vielleicht verrückt, aber es hilft deinen Augen, deinem hellen Sehen, deinem wilden Blick, wenn du dich für deine Weltsicht entscheidest, deinem Blick wieder traust und diese Veränderung nicht erklärst, sondern einfach vollziehst.

Augenheilorte

Seit frühgeschichtlicher Zeit scheinen die Menschen ihren Augen besondere Aufmerksamkeit und Sorge zuzuwenden, denn es gibt seit Urzeiten Augenheilorte – mehr als für jeden anderen Teil des Körpers. So sind Heilquellen in der Bretagne meist Augenheilquellen, auch in Cornwall oder in Bayern werden Quellen, die heute „heiliges", also von der Kirche „geweihtes" Wasser enthalten, in erster Linie für Probleme mit den Augen empfohlen. Die Heilwirkung alter Quellen liegt den meisten Beschreibungen nach weniger im Therapieren von Krankheiten, sondern mehr im spirituellen Reinigen des Blicks. Die mythische Kraft des besonderen Wassers, des starken Platzes geht auf die Augen über und stärkt die Sehfähigkeit der Person, die hier Hilfe sucht.

Wasser hat ja diese besondere spirituelle Wirkung, durch sein Fließen Partikel oder auch Energien mitzunehmen, die unerwünscht sind. Wasser-Rituale beruhen immer auf der fließenden, ausschwemmenden, reinigenden Kraft des Wassers. In fließendem Wasser können Gegenstände, die eine unangenehme Ausstrahlung, eine belastende Geschichte haben oder ungünstig aufgeladen sind, gereinigt und von dieser Energie befreit werden. Bei Augen bedeutet das nicht selten, daß etwas Gesehenes, das schwer zu verarbeiten ist, auf der Seele lastet, mit dem Wasser fortgetragen und die Person von der Last des Gesehenen befreit wird.

Besonders wirkungsvolle Quellen

Notre Dame de Clarté in Baud, Morbihan, Bretagne. Die Augen werden mit dem Wasser gewaschen. Das Wasser heilt nach den lokalen Überlieferungen nicht nur Augenkrankheiten, sondern „schärft" den Blick und „befreit die Augen von Gift", eine geradezu hellseherische Therapie für eine so alte Quelle, denn in alten Zeiten konnte die Vergiftung der Luft, das Zunehmen von Heuschnupfen und Natur-Allergien und deren Wirkung auf die Augen ja wohl kaum vorausgesehen werden.

Notre Dame de Trois Fontaines, Gouézec, an der Straße zwischen Gouézec und Briec, Finistère, Bretagne. Wer sich an dieser Quelle heilen will, sollte einem alten Brauch nach neun Spindeln mitbringen, die in neun Häusern erbettelt wurden, in denen Frauen mit dem Namen Marie wohnen. Hatte man die Spindeln, brauchte man nur noch die Augen in dem Wasser waschen. Hier spielt die matriarchale Zahl neun eine Rolle und ebenso die Tatsache, daß zur Heilung neun Patinnen nötig sind, die Heilung also allein nicht bewirkt werden kann.

Notre Dame de Clarté, Perros-Guirec, Côtes du Nord. An dieser Augenheilquelle ist besonders bedeutend, daß Migräne mit Augenleiden in Zusammenhang gebracht und das Heilen der Augen als Voraussetzung für die Befreiung von Migräne gesehen wird.

Fontaine de Barenton, Quelle der Viviane im Forèt de Broceliande par Paimpont, Bretagne. Dieser Wald gilt ja als Wirkungsgebiet der Fee Viviane und ist verzaubert, weshalb es gar nicht einfach ist, die Quelle zu finden. Der Weg dorthin verzweigt sich gelegentlich. Ich habe mich mehrmals verirrt, aber die Mühe lohnt sich. Von allen Heilquellen, die ich besucht habe, ist diese die magischste und wirkungsvollste. Die Augen in ihrem Wasser zu waschen, macht hellsichtig und regeneriert die Sehkraft. Außerdem kann man ein Orakel mit dem Wasser der Quelle machen, indem man eine Frage stellt und wartet, ob das Wasser „lacht". „Lache, lache, du Quelle von Barenton", sagen die Mädchen, wenn sie eine positive Antwort wollen. Das Wasser lacht, wenn Blasen aufsteigen, was gelegentlich der Fall ist. Diese Quelle ist eine der wenigen, die nicht irgendwelchen Heiligen unterstellt wurde. Sie gilt als Domäne der Viviane und kann nach wie vor magische Kraft schenken.

Madron Well, Cornwall, England. Diese „Mutter"-Quelle, die eigentlich eher einem Sumpf gleicht und an deren Büschen farbige Bänder angebunden werden, soll Augenentzündungen heilen und Frauen stärken. Hier ist vielleicht der Hinweis angebracht, daß vom hygienischen Standpunkt das Wasser sicher nicht „rein", also keimfrei ist. Nur wer diese starke spirituelle Energie spürt und weiß, daß die eigenen Augen mit der Heilkraft des Wassers kompatibel sind, sollte die Augen dort baden.

Auch beim *Frauenbrünndl* nahe Glonn in Bayern gilt das Wasser, wenn man den Untersuchungen glaubt, als verunreinigt. Nach wie vor ist das Heilwasser aber sehr stark, ich trinke es, wasche meine Augen und weiß, daß wissenschaftliche Analysen und spirituelle Energien oft nicht zusammenkommen.

In hohem Maß gilt das für das Wasser des *Ganges,* den heiligen Fluß der Göttin Ganga. Der Fluß ist verdreckt, angeblich „tot", und doch ist das Wasser mit einer Energie aufgeladen, die man im klinisch sauberen Leitungswasser aus deutschen Wasserhähnen vergeblich suchen wird. Als heilend für alle Krankheiten gilt besonders die Gangesquelle auf ca. 4000 Meter, oberhalb Gangotri. Eine Puja, ein rituelles Fest bei Sonnenuntergang sollte dem Aufstieg vorausgehen. Die Augen sollen dreimal benetzt werden. Die PilgerInnen nehmen Wasser in Flaschen mit, das zum Trinken und Augenwaschen genutzt wird.

Das Wasser des *Manasarovar-Sees*, am Fuß des heiligen Bergs Kailash in Tibet, wird von PilgerInnen zum Öffnen des inneren Blicks, des hellen Sehens sehr geschätzt. Die Augen und das ganze Gesicht werden benetzt, dazu Gebete gesprochen.

Auch das Wasser des *Oshun-Flusses* im Yorubaland in Nigeria gilt als Augenheilwasser. Allerdings wird es nicht zum Augenspülen benutzt, sondern getrunken, weil dem Mythos nach der sehende Blick dem geheilten, von der Göttin gestärkten Körper entspringt.

Dreibrunnen, oberhalb Thiersee auf dem Weg zum Gipfel des Pendling in Tirol, Österreich. An diesem Brunnen werden der Sage nach müde Augen munter und morsche Knochen fest. Die drei verschiedenen Quellen gelten als Marienquellen, aber die Vermutung liegt nahe, daß vorher die drei Bethen, die dreifache Göttin der Kelten, den Quellen verbunden waren, denn Thier ist keltisch und heißt Hirschkuh, was dafür spricht, daß hier keltische Kulteinflüsse wirksam waren.

Die Quelle im *Stift Zwettl,* Waldviertel, Österreich, ist eine uralte Heilquelle, die der Öffentlichkeit heute nicht mehr uneingeschränkt zugänglich ist, da sie im Innenhof des Stifts (verschlossen) sprudelt. Das Wasser soll Augenkrankheiten und nachlassende Sehkraft heilen.

Die *St.-Leonhardsquelle,* St. Leonhard bei Rosenheim in Oberbayern, fließt an einem öffentlich zugänglichen Ort und ist derart bekannt, daß Menschen von nah und fern kommen, um Heilwasser zu holen. Daraus wird übrigens auch Limonade gemacht – vielleicht die einzige, die Heilwirkung hat. Die Augen sollen im fließenden Wasser gespült werden, um sie von Krankheiten zu befreien.

Auch der *Odilenberg* im Elsaß gilt als Augenheilort. Die heilige Odilia, die, wie Luzia, mit einer Schale dargestellt wird, in der zwei Augen liegen, ist die Schutzheilige des Elsaß und wird von Blinden und Augenkranken angerufen. Zwei Orte sollen der Überlieferung nach mit Odilias Kraft Augen heilen: die Odilenquelle unterhalb des Klosters auf dem Odilenberg und eine Felsenhöhle bei Arlesberg, wo Odilia sich vor ihrem Vater verbarg.

Barbara Hutzl-Ronge weist in ihrem Buch „Feuergöttinnen, Sonnenheilige, Lichtfrauen" darauf hin, daß auf dem Odilenberg auch eine Luzienquelle sprudelt – die beiden „Augen-Heiligen" teilen sich also einen Kultort. Odilia wird gelegentlich auch mit einem Hahn dargestellt, dem Symbol für das „erweckte Augenlicht". In afrikanischen magischen Traditionen steht der Hahn für das helle, das „wahre" Sehen, den Blick der Weisen. Johann Wolfgang von Goethe pilgerte zum Odilenberg, um seine Augen zu stärken.

In der Volksheilkunde gilt das Wasser von Bergbächen als besonders heilend, das sich an Steinen und Pflanzen auflädt, nachts von Sternen und Mond, tagsüber von der Sonne bestrahlt wird und seine Kraft ungestört anreichern kann. Ich habe die Wasser des *Maniboden* im Binntal im Wallis in der Schweiz als besonders wohltuend für die Augen empfunden.

Zur magischen Heilung der Augen sind Rituale nicht unerheblich. Ich rufe *Nona Fluor,* die Blumengroßmutter der Schweiz, oder *Kali,* die Schwellengöttin Indiens, *Ganga,* die Mutter aller Wasser, oder *Oshun,* die Göttin des Fließenden und des Blutes zu Hilfe. Da die Schwächung der Sehkraft nicht unbedingt mit der Anstrengung der Augen zusammenhängt, sondern eher mit dem Verlust der inneren Balance, dem Verlust der Eigenmacht, des Durchblicks, des „klaren" Sehens (nicht umsonst heißt es, ich seh das nicht, oder ich seh nicht mehr klar), stärken Rituale für die Augen den wilden Blick und nicht unbedingt die Netzhaut.

Meine Augen haben bei meinen zahlreichen Touren über viertausend Meter einige Verblitzungen durch Gletscher erlitten, ich habe dadurch aber keinen Verlust der Sehkraft festgestellt und sehe trotzdem scharf. Der Gang zur Augenärztin, die Diagnose und die Abhilfe der Augenprobleme sind eine Sache, eine andere ist es, die Ursache der Augenschwächung im spirituellen Bereich anzugehen.

Außer dem Wasser können auch die anderen Elemente zur Stärkung der Augen eingesetzt werden.

Das FEUER eignet sich zum Aufladen der Augen, zum Beleben der Sehkraft in Form eines Kerzenrituals. Wenn du ins Licht vieler Kerzen schaust, erholt sich nicht nur dein müder Blick, sondern du bewirkst auch einen Serotonin-Melatonin-Ausgleich (beide Hormone spielen für Träume, Melancholie, Depressionen, Heiterkeit eine große Rolle).

ERDE eignet sich in Form von Kräutern, hier speziell Berberitze und Augentrost, aber auch als Heilerdeauflage (etwas Heilerde mit warmem Wasser zu einem Brei anrühren, in eine Mullwindel geben und die mit Erde gefüllte Windel über die Augen legen, etwa zehn Minuten einwirken lassen). Kamille ist dagegen kein gutes Augenheilmittel und verschlimmert oft Entzündungen.

LUFT kann den Augen als Räucherung gut tun, zum Beispiel wirkt eine Weihrauchräucherung sehr wohltuend für müde Augen. Auch Räuchern mit Salbei bringt den Augen Erholung. Der scharfe Hauch der Zwiebel hilft dem Auge, mit der Tränenflüssigkeit Fremdkörper und alte Substanzen auszuspülen. Für mich ist die Zwiebel die beste Freundin der Augen – sie wird viel zu selten eingesetzt. Meine Augen lieben zudem die Luft-Wasser-Kombination durch Wasserdampf, der aufsteigende Dampf (nicht zu heiß, nicht zu nahe, ist ja klar) scheint meine Augen gründlich zu reinigen. Ich behaupte, daß ich diesen Augendampfbädern, manchmal mit Salbei oder Rosmarin versetzt, meinen scharfen Blick verdanke.

Mehr als Heilorte und Rituale brauchen Augen Schönheit, Weite, Farben, Harmonie. Im Gebirge, am Meer, in der weiten Landschaft, wo der Blick nicht durch lineare Absichten verstellt wird, wo das Unregelmäßige, Krumme und Schiefe, das spontan Entstandene sich entfalten kann, leben die Augen auf. Die Vielfalt der gewachsenen Szenerie im Gegensatz zur Einfalt eines auf dem Reißbrett entworfenen Gebietes läßt die Augen tanzen.

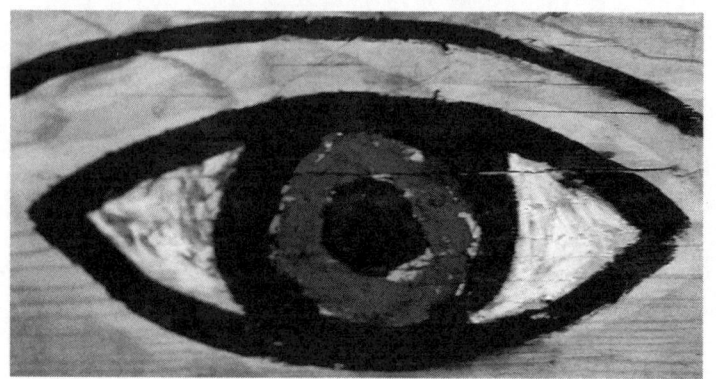

In vielen Mythen der Welt gelten die Augen als die Verkörperung des Göttlichen, als Spiegel der Seele. Sonne und Mond galten den Ägyptern als Augen der Himmelsgöttin. In der „Edda"-Sage von Snorri wirft Odin die Augen des getöteten Riesen Thjazi in den Himmel, wo sie zu Sternen werden. Ob daher der Ausdruck „Augenstern" kommt? Das Sehen gilt in allen Ursprungssagen der Welt als Weisheit und Verbundenheit zum Göttlichen. In Indien wird dieses metaphysische Wissen durch das dritte Auge auf der Stirn symbolisiert, mit dem vor allem die Muttergöttin Durga und Kali, die Überwinderin von Zeit und Raum, dargestellt werden.

Versteck dich hinter dieser Kiste, sagte die Riesenmutter, und wenn mein Sohn, der Riese, kommt, bewege dich nicht, denn er sieht zwar nicht gut, aber er kann dich riechen und wenn du dich bewegst, wird er dich fressen.

Riesen repräsentieren in den Märchen die in der Natur verwurzelte elementare menschliche Kraft. Zwar noch Menschen, sind sie doch dem Animalischen näher. Sie schauen nicht besonders genau, sondern verlassen sich auf die alten Sinne: riechen, fühlen, hören. Sie werden von beherzten Menschen auch immer wieder getäuscht, wie der Riese, der einen Stein quetscht und das tapfere Schneiderlein auffordert, dasselbe zu tun. Das Schneiderlein quetscht einen alten Käse, daß der Saft herausfließt, und beeindruckt den Riesen (wo allerdings war da sein Geruchssinn?).

Während Riesen durch ihre feine Nase beeindrucken (sie riechen Menschenfleisch), sind die Wächtertiere in unter- oder überirdischen Schatzkammern besonders scharfsichtig. Unter den glühenden wagenradgroßen Augen der Hunde in der Felsenhöhle, der Drachen, die Prinzessinnen bewachen, müssen eindringende HeldInnen furchtlos und klar bleiben, um die Prüfung zu bestehen.

Augen spielen in Märchen vor allem eine Initiationsrolle. Wenn die Augen ins Spiel kommen, geht es um Übertritte, Prüfungen, Abstieg in grausame Unterwelten und Aufstieg zu nie gekanntem Glück, Ruhm, Reichtum.

Blinde oder schlecht sehende Personen in Märchen sind stets magische Eingeweihte, OrakelpriesterInnen, Zauberinnen, vielleicht sogar gefährliche Hexen. Pythia, die griechische Seherin, soll „trübäugig" gewesen sein. Es scheint ein besonderes Merkmal des Magischen zu sein, daß der Blick nach außen schwächer wird, wenn er sich konzentrierter nach innen und in andere Welten richtet.

Vielleicht rührt dieses Klischee aber auch aus der Zeit der Diffamierung und Ausrottung von Frauen her, denn während der Hexenverbrennungen im Mittelalter sagte man Frauen mit triefenden, tränenden, blinden Augen nach, daß sie Schadenszauber betreiben – was oft genug ihr Todesurteil war.

Und wie bei der Hexenprobe gab es für eine beschuldigte Frau keinen Ausweg: Wenn eine „Hexe" mit gebundenen Händen und Füßen ins Wasser geworfen wurde und oben schwamm, galt sie als Hexe und wurde verbrannt, ging sie unter, ertrank sie. Hatte sie Triefaugen oder war sie blind, galt sie als Schadenszauberin und wurde verbrannt, hatte sie einen scharfen, hellen, alles wahrnehmenden Blick, galt sie als eine, die den bösen Blick wirft, und wurde auch umgebracht.

Frauen und Kindern wurde befohlen, die Augen niederzuschlagen, ihren Blick nicht auf die Augen anderer Personen zu richten und damit einer direkten Konfrontation aus dem Weg zu gehen. Fatal bis heute – weil wir nicht wirklich hinsehen, entgehen uns wichtige Einzelheiten und Veränderungen der Wirklichkeit.

Das Sehen und das Sehen in der anderen Wirklichkeit sind zentrale Themen in Märchen aus aller Welt. Ein finnisches Märchen erzählt von einer Prinzessin, die hundert Klafter tief in einer Höhle von einem Felsgeist gefangen gehalten wird. Er ist fast blind, sieht aber alles. So mächtig ist dieses eine Auge, daß der Prinz, der die Prinzessin erlösen will, dem Geist das eine Auge blenden muß, um die Prinzessin zu erlösen.

Die Meergöttin der Inuit, Sedna, die in ihrem Kessel am Grunde des Meeres alles auskocht, was es auf der Welt so gibt, hat nur ein Auge. SchamanInnen, die sie aufsuchen, um von ihr Wissen und Geschenke zu erlangen, müssen sich an ihrem wachsamen Blick aus dem einen Auge vorbeistehlen und sie durch das Kämmen ihrer Haare – das mag sie – austricksen, um nicht von ihr getötet zu werden.

Das isländische Märchen „Das Loch der Riesin" erzählt von einem jungen Helden, der auf seiner Initiationsreise in die Höhle einer uralten, blinden Riesin gerät, die umgeben von Göttinnen und Riesinnen Gold mahlt. Sie hütet dieses Gold, das als Symbol für Weisheit und Beherztheit gelten darf, und gibt es nur an Menschen weiter, die ihre Prüfungen bestehen.

Bemerkenswert an dieser Geschichte ist für mich, daß nicht die sehenden Frauen das Gold hüten, sondern die blinde Riesin, deren übrige Sinne so wach sind, daß ihr nichts entgeht.

Eine der Aufgaben, die zwei Söhne in dem Südseemärchen „Ein Streifzug in die Unterwelt" lösen müssen, als sie sich von ihrem bösen Stiefvater befreien wollen, besteht darin, eine Fahrt zur Urmutter Kui zu unternehmen. Die fängt, obwohl blind, aber eben nicht blöd, den jüngeren Bruder mit einem Angelhaken ein, und der ältere Bruder muß ihr dienen. Zur Belohnung allerdings befreit sie dann nicht nur den jüngeren Bruder, sondern sagt den beiden auch, wie sie sich gegen den bösen Stiefvater zur Wehr setzen können.

Der Spiegel verleiht im Mythos die Fähigkeit, in den „Schatten zu sehen". Das althochdeutsche Wort scucor für Spiegel bedeutet „Schattenbehälter". Wer in den Spiegel schaut, sieht die Wirklichkeit auf der anderen Seite der Welt, des Bewußtseins, sieht die eigene unbewußte Seite. Im Spiegel erscheinen Wesen aus anderen Ebenen, aber der Spiegel vertreibt auch Geister, insbesondere Dämonen, die erschrecken, wenn sie ihr Bild sehen.

In der Shinto-Religion Japans gilt der Spiegel als Seele der Sonnengöttin Amaterasu. Wer in den Spiegel schaut, schaut in ihre Augen und zugleich in ihre Seele. Kristallspiegel sind Attribute der Göttin und Mittel zur Kommunikation mit ihr.

Im Märchen „Die Prinzessin auf dem Baum" will ein Schweinehirt die von einem üblen Zauberer gefangengehaltene Prinzessin erlösen, dazu braucht er aber ein Zauberpferd von einer alten Zauberin, der er drei Tage und Nächte dienen muß. Um vom Blick des magischen Pferds nicht gebannt und versteinert zu werden, muß er zwischen die Augen des Pferdes schauen. Er löst diese Aufgabe, wirft den bannenden Blick zurück und kann seine Seele aus dem gefährlichen magischen Gewebe befreien, das die Zauberin mit Hilfe ihres Pferdes webt.

Eine „Reise der Augen", eine Initiation, vielleicht sogar eine Vorahnung vom Tod schildert das sibirische Märchen „Der Mann, der unter der Erde blieb", in dem eine Erdgöttin gewissermaßen ein Auge auf einen Mann geworfen hatte: Als ein junger Jäger am Abend zur Tür schaut, sieht er zwei Augen hinausrollen. Er folgt ihnen einen Berg hinunter zum Fluß. Die Augen schlüpfen unter eine Zeder. Der junge Mann wartet. Die Augen kommen wieder heraus und rollen den ganzen Weg zurück. In der Hütte des Jägers legen sie sich in einen Haufen Kleider. Beim Essen erzählt der junge Jäger seinem Bruder, er habe geträumt, daß er unter einer Zeder einen Schatz gefunden habe. Am nächsten Tag gehen beide Brüder zur Zeder und fangen an zu graben. Der Jäger fällt in ein Loch und landet in einer Stube, in der eine Frau sitzt. Sie sagt: Ein Leben lang habe ich auf dich gewartet. Sie will, daß er bei ihr bleibt, und er willigt ein, will sich aber noch von seinem Bruder verabschieden. Er findet den Ausgang nicht. Sie sagt: Wo du stehst, blicke auf und geh dorthin. Da sieht er die offene Tür. Er verabschiedet sich von seinem Bruder und bleibt bei der Frau. Beide sind noch jetzt unter der Erde.

Auch in der Geschichte von „Rapunzel" spielt das Sehen eine große Rolle. Eine Frau ist schwanger und hat wahnsinnige Lust auf den Rapunzelsalat, der im Garten unter ihrem Fenster wächst. Dieser Garten gehört einer Zauberin, das wissen aber weder die Frau noch ihr Mann. Sie schickt ihn jeden Tag in diesen Garten, er steigt über die Mauer und stiehlt den Salat. Eines Tages kommt es, wie es kommen muß, die Zauberin erwischt ihn. Sie will ihn töten, aber er verspricht, der weisen Frau das neugeborene Kind zu geben. Als die Tochter geboren wird, holt die Zauberin sie ab und nimmt sie mit in ihren Turm, wo sie ihr alles beibringt, was sie weiß. Oft geht sie nachts aus, und wenn sie wiederkommt, ruft sie: Rapunzel, laß dein Haar herunter. Die Haare sind so lang geworden, daß Rapunzel daraus ein Seil für die Zauberin drehen kann, die sich daran hochzieht. Ein Prinz beobachtet dies, und als die Zauberin einmal fort ist, ruft er: Rapunzel, laß mir dein Haar herunter. Sie ist zwar überrascht, den Prinzen zu sehen, aber nicht gerade unglücklich. Eine Weile steigen abwechselnd die Zauberin und der Prinz am Haar Rapunzels in den Turm, aber natürlich kommt die Zauberin Rapunzel eines Tages auf die Schliche.

Sie verbannt sie aus dem Turm und nimmt ihr das Augenlicht, was in diesem Zusammenhang auch bedeutet, daß sie ihr das magische Sehen nimmt, weil sie liebt und sich mit einem Mann zusammentut. Das könnte auch ein Hinweis dafür sein, daß Liebe blind macht oder Östrogene die Augen verkleben, das Sehen trüben.

In dem Märchen von „Einäuglein, Zweiäuglein und Dreiäuglein" hat eine Mutter drei Töchter, mit jeweils ein, zwei und drei Augen. In der Familie gibt es keinen Vater und keine Brüder, dafür aber eine Ziege. Die mittlere Tochter mit den zwei Augen wird von der Mutter und den Schwestern schlecht behandelt und ausgestoßen. Sie muß hungern und schwere Arbeit tun. Wenn die Mutter Einäuglein aufs Feld schickt, um Zweiäuglein zu kontrollieren, singt Zweiäuglein das Auge in Schlaf. Als aber Dreiäuglein kommt, vergißt Zweiäuglein, das dritte Auge in Schlaf zu singen, und die Schwester sieht, daß Zweiäuglein sich heimlich von den Früchten eines goldenen Apfelbaums ernährt. Vor einem Prinzen, der auf Brautschau vorbeireitet, wird Zweiäuglein, die „Normale", in einem Faß versteckt, aber zwei goldene Äpfel rollen heraus, er sieht und heiratet sie.

In diesem Märchen ist das zweiäugige Sehen Voraussetzung für den Übertritt von der magischen Welt in die Welt der Menschen. Hungern und schwer arbeiten werden der Frau, die ihre mythischen Wurzeln verlassen und einen Menschenmann heiraten will, als Prüfungen auferlegt. Das Märchen beschreibt die Übergangzeit von matriarchaler in patriarchale Gesellschaftsform ziemlich genau. Nicht das Sehen nach innen (Einäuglein), nicht der überirdisch genaue Blick (Dreiäuglein), sondern der angepaßte ist erforderlich, um sich mit einem Mann zusammenzutun und „normal" zu leben. Aus den Gefährtinnen und der Mutter als Initiationshelferin sind hier schon die „bösen" Konkurrentinnen geworden.

In einem Märchen aus Benin, Westafrika, gehen zwei Handwerksburschen zusammen auf Wanderschaft. In einem Dorf könnte einer von ihnen eine gut bezahlte Arbeit haben. Der eine Handwerker blendet die Augen des anderen, um die Konkurrenz auszuschalten. Er übernimmt den Job und macht ein bißchen Geld. Der Blinde taumelt aus dem Dorf hinaus und läßt sich unter einem Baum nieder, fest überzeugt, hier zu sterben. Auf dem Baum, einem Baobab, also einem in westafrikanischer Tradition magischen Baum, unterhalten sich zwei Geier. Seiner Augen beraubt und ohne Hoffnung auf Integration in die gut funktionierende Menschenwelt beginnt der Blinde, die Sprache der Geier zu entschlüsseln. Der gehört bald uns, sagt der eine. Eigentlich schade um den jungen Burschen, sagt der andere. Wenn er wüßte, daß direkt unter diesem Baum ein Kraut wächst, das genau heute, zu Vollmond sein Augenlicht wiederbringen könnte, wenn er das Kraut abpflückte und es kauend mit Spucke vermischte und diesen Brei auf die Augen legte. Der Blinde, nicht dumm, beherzigt den Rat, tastet nach den Kräutern, findet sie, kaut sie und legt sich den Brei auf die Augen. Und siehe da, er kann wieder sehen. Er nimmt einige von den Kräutern mit, zieht weiter und kommt zu einem Dorf, in dem viel geweint und geklagt wird. Als er nachfragt, erfährt er, daß die Prinzessin blind geworden ist. Er geht also zur Prinzessin, noch scheint der Vollmond, gibt ihr die Kräuter zu kauen und weist sie an, sich den Brei auf die Augen zu legen, woraufhin sie wieder sieht. Was sie sieht, gefällt ihr. Sie heiratet den Handwerksburschen.

Der andere Handwerker ist mittlerweile weitergezogen, erfährt die Geschichte seines Kumpels und kann sich nicht genug wundern. Er geht zu seinem alten Freund und bittet ihn inständig, ihm die Augen auszustechen, damit auch er sein Glück machen kann. Der lehnt das Ansinnen ab. Also setzt er sich unter den beschriebenen Baobab und sticht sich selbst die Augen aus. Aber der Vollmond ist vorbei, die Geier haben anderswo zu tun, und er verdurstet unter dem Baum.

DER FLUG DER AUGEN

Manchmal geschieht es mitten im banalen Alltagsgeschehen: Die Augen, die eben noch den Preis für Kaffee prüften, die kritisch nach Hundescheiße am Schuh suchten, in einem Buch lasen oder einen Fahrplan studierten, werden eingefangen und in eine andere Ebene gezogen. Der Blick rastet ein, wird glasig, unbestimmt und fern. Geschieht es einem Kind, beunruhigen sich die Eltern und gehen zu Psychotherapeuten, die dann vielleicht nach einer Epilepsie forschen oder mutmaßen, das Kind habe nicht genug Freunde.

Tatsache ist, daß wir nicht alle vom gleichen Ursprung kommen. Manche von uns kehren gelegentlich zu ihrer universellen Heimat zurück, wo sie Energie tanken, wo sie sich erneuern können. Die Bilder der Diesseitswelt verblassen gegen die anbrandenden Bilder anderer Welten, die Augen drehen sich. Sie wandern nun nicht mehr mit dem Tennisball, mit der vorbeiziehenden Landschaft, mit den vorbeifahrenden Autos, sie folgen einer anderen, fremden Choreographie in die Traumzeit, sinken ein in die Impulse dort, setzen neue Bilder zusammen, ergänzen sie mit uralten Informationen aus der Erinnerung.

In der alltäglichen Wirklichkeit zwingt das Hirn den Augen die bekannte Wahrnehmung auf. Für wahr nehmen können wir nur, was wir kennen. Die Erwartung gestaltet die Realität und macht die Erscheinungsformen der Welt zu den erwarteten. Hier taucht die alte Philosophen-Frage auf: Existiert die Welt, weil wir sie sehen, oder sehen wir sie, weil sie existiert? Existiert die Welt überhaupt, wie wir sie sehen, oder ist ihr Erscheinungsbild nur eine Kombination aus undeutlichen Formen, denen das Licht Farbe einhaucht, denen unsere Körperchemie je nach Zusammensetzung Realität verleiht?

Mühelos vollzieht sich der Übergang von der festen Welt zur immer neu sich gestaltenden in der Dämmerung. Die materielle Welt verliert ihre klaren Grenzen, ihre Eindeutigkeit, neue Formen tauchen auf, eine neue Gestaltung der Realität wird möglich. Die Energie der nichtgeformten Ebenen braucht die Fantasie, die gestaltende Fähigkeit der Augen, um Gestalt anzunehmen. Wir kommen dem Erahnten durch die Kraft der Imagination, der Visualisierung entgegen. Das Hirn schlägt Formen vor, der Blick gestaltet sie, und schon erscheint die Landkarte der Traumzeit vor unseren Augen, wird die Ebene sichtbar, in der das Gewebe der Welt vernäht ist.

Je genauer die Augen im Dämmerlicht, im Nebel, in der Dunkelheit eine Form fixieren wollen, um so mehr entgleiten uns die festen Formen, um so mehr Gestaltungsvorschläge wirft das Hirn aus. Wer diesen fließenden Zustand erträgt, weiter in die Welt der tanzenden Energien einsinkt, erreicht die Ebenen, auf denen alles visualisiert und damit neu gestaltet werden kann.

Die Verwirklichung der Vision ist ein wesentlicher Bestandteil der magischen Arbeit, der schamanischen Traditionen. Das Auge taucht in eine Welt ein, die gelegentlich von MalerInnen gemalt, von SängerInnen besungen, von DichterInnen poetisch beschrieben wird. Das

Auge sieht, und das Hirn gibt sich dem völlig anderen Sehen hin. Lebhafte Fantasie! Illusionen! Maya! Trompe d'oeil! Täuschung! heißt das in der Fachsprache des braven Bürgertums. Aber ohne die Welt der Imagination, die jede Materie nährt, trocknet die Welt der Dinge aus.

Wer jene Welt nicht mehr sehen, nicht mehr wahrnehmen kann, verhungert in dieser. Denn wir nähren uns zu gleichen Teilen von Nahrungsmitteln für den Körper und von Traumgespinsten, Erinnerungsbildern, Visionen, Imaginationen für die „Seele". Wer nur den Traumkörper füttert, verliert den physischen Körper, wer aber nur ißt und trinkt und glaubt, damit sei ein Leben komplett, verdorrt spirituell.

Visionen leben vom Bild, das wir uns machen, von der Fähigkeit, etwas vor dem inneren Auge zu sehen und so genau wie möglich auszumalen.

Eine visionäre Person ist nicht aufzuhalten. Menschen, die eine Vision haben, gehen durch größte Strapazen, ohne übermäßig darunter zu leiden, um das imaginierte Bild in die Wirklichkeit zu holen. Starke Visionskraft ist ein Lebenselixier, das alle anderen Nahrungs- und Hilfsmittel in den Schatten stellt, oft für lange Zeit überflüssig macht. Visionen und starke Imaginationen können heilen, etwas materialisieren, aber auch zerstören und töten.

Je genauer wir die Wirklichkeit betrachten, alle Details einer Szene, einer Landschaft, einer Wohnung, um so genauer lernen wir zu imaginieren und damit die Vorlage für neue Wirklichkeiten zu schaffen. Um das zu trainieren, kannst du einen Weg, den du oft gehst, in Gedanken noch einmal abgehen. Präg dir Einzelheiten des Wegs ein, nimm wahr, wo dir die Erinnerung kein Bild hergibt, wo du weiße Flecken hast, wo dir Details der Wahrnehmung fehlen. Abgesehen davon, daß das ein sehr gutes Training fürs Gehirn ist (und damit für die Fähigkeit, Gesehenes aufzunehmen, einzuschätzen und auszuwerten), hilft es dir auch, klarere Visionen zu entwerfen und zu imaginieren, was du in dein Leben holen willst.

Um eine Imagination, also ein Bild, das du vor deinem inneren Auge gestaltet hast, zu bekräftigen, kannst du dir vorstellen, ein Polaroidfoto von der Szene zu machen, du wählst den Bildausschnitt, machst das Foto und stellst es in der Imagination irgendwo in deiner Wohnung auf, wo du es „sehen" kannst.

Trance-Mittel für die Nase sind besondere Gerüche wie Lorbeer oder Weihrauch, Trance-Mittel für die Ohren sind gleichmäßige Trommelschläge, Rasseln, monotone Musik. Trance-Mittel für die Augen sind besonders mächtig, weil sie sich sofort ins Zentrum der Wahrnehmungsverarbeitung katapultieren und dort eine veränderte Wirklichkeitsrezeption auslösen, weshalb optische Trance-Mittel auch in der Hypnose eingesetzt werden.

Das Pendel
Mit einem gleichmäßig hin und her schwingenden Pendel fällt das Hirn besonders gern in einen unkontrollierten Hingabezustand. Während ich nicht genug vor Hypnotiseuren und Kontrollfreaks aller Art warnen kann, die nur darauf warten, ihre Machtgelüste an willenlos hingestreckten KundInnen auszuleben und an ahnungslosen, problembeladenen KlientInnen ihre Simsalabim-Experimente durchführen, finde ich das Pendel ein gutes

Mittel, sich in eine Art Selbsthypnose zu versetzen. Es schlägt einfach alle Alltagsgedanken aus dem Kopf und gibt dir die Möglichkeit, auf einer tieferen Bewußtseinsebene Entdeckungen zu machen.

Wenn du deine Trancereise mit einer Freundin zusammen machst, kann sie dich nach deinen Eindrücken fragen und dir hinterher erzählen, was du so erlebt hast. Nicht immer wirst du dich an alles erinnern. Zum Auftauchen aus der Trance wählst du dir am besten vorher eine Zahl, die, von dir selbst gedacht oder von einer anderen Person genannt, die Trance beendet und dich wieder an die Oberfläche kommen läßt. Willst du die Reise allein machen, kannst du einen Cassettenrecorder aufstellen und deine Beobachtungen laut aussprechen und aufnehmen. Zum Schluß sagst du deine Auftauchzahl und beendest die Reise.

Kerzenflamme

In eine Kerzenflamme zu schauen kann dich in Trance versetzen, kann dich aber auch an einen anderen Ort tragen. Wo du landen wirst, hängt von deinen Reise-Anweisungen ab. Starrst du in die Kerzenflamme, ohne die Lider zu schließen, gerätst du schnell in einen anderen Wahrnehmungszustand, in dem Bilder und Phänomene auftauchen können. Schaust du in die Flamme und stellst dir dabei einen Ort vor, eine bestimmte Szene, eine Person, kannst du bei großer Konzentration und Begabung tatsächlich dort landen und „sehen", was geschieht.

Wenn du jemandem eine dringende Botschaft vermitteln willst, kannst du in die Kerzenflamme schauen und dich auf die Person konzentrieren, während du die Botschaft laut sprichst. Das ist dann ungefähr wie telefonieren ohne Apparat und Wählscheibe – billiger auch.

Wasserfläche

Eine uralte Orakeltechnik kam lange vor Tarotkarten und ähnlichen Hilfsmitteln zum Einsatz: auf eine Wasserfläche schauen und die Zeichen oder Spiegelungen darin interpretieren. Das Wasserschalenorakel stammt aus Afrika, aber auch aus unseren keltischen Ursprüngen ist es überliefert. Das Wasser bringt den Geist zur Ruhe und macht ihn gleichzeitig aufnahmefähig für feine Impulse, Botschaften, Schwingungen, Bewegungen. Das Auge wird vom Wasser gehalten, während der Geist in die Tiefe sinkt, die ideale Voraussetzung für einen leichten Trancezustand. In Wasserpfützen oder Teichen geben die Bewegung der Wolken, der Lichteinfall von Sonne oder Mond dem Geist zusätzliche Impulse und lassen Assoziationen auftauchen.

Spiegeltrance

Unbewegt vor einem Spiegel zu sitzen und so lange hineinzustarren, bis sich das eigene Gesicht verändert, umgestaltet, verschwindet, ist eine der stärksten Tranceformen. Du brauchst gute Nerven, Humor und Vertrauen darauf, daß sich alles ständig verändert und daß das in Ordnung ist. Denn der unbeirrte Blick in den Spiegel wandelt die Realität auf beunruhigende Weise. Nur wenn du akzeptieren kannst, daß die Dinge nicht so sind, wie du sie siehst, sondern du dich an die Erscheinungsform der materiellen Welt einfach gewöhnt hast, daß sie dir vertraut ist und du deshalb glaubst, alles sei, wie du es siehst, solltest du mit Spiegeltrancen überhaupt experimentieren. Die Wahrnehmung der Form der Dinge ist das Ergebnis einer vom Körper abgewogenen Mischung chemischer Substanzen im Körper, die auf die Wahrnehmungsorgane einwirken. Verändert sich die Zusammensetzung dieser Substanzen, so verändert sich radikal auch die Erscheinung der materiellen Welt.

Wer einmal einen LSD-Trip genommen hat, weiß, wie beunruhigend sich die Wirklichkeit verändern kann. Auch die Wechselwirkung zwischen Umweltgiften, Medikamenten und anderen chemischen Substanzen kann die Wahrnehmung im Körper extrem verändern. Ausströmendes Gas oder Sauerstoffmangel kann optische Halluzinationen hervorrufen. Es ist wichtig, sich immer zu vergegenwärtigen, daß das Bild der Welt nicht unbedingt die Welt spiegelt, daß die vertraute, gewöhnliche Erscheinungsform der Dinge durchaus ganz anders sein kann.

Trancen in der Dämmerung in der Natur können ähnliche Phänomene auslösen. In der Dämmerung besteht die materielle Welt aus Punkten, die sich immer neu zusammensetzen. In dieser Zeit ist die Möglichkeit am größten, daß Energien sich Gestalt verschaffen oder deine Fantasie dazu benutzen, sich zu manifestieren.

Das gleiche gilt für Spiegeltrancen. In einem Spiegel materialisieren sich ungeformte Energien leichter, weil du ihnen mit deinem Gestaltungswunsch, mit deiner Fantasie entgegenkommst. Du mußt es halt aushalten!

Bilder imaginieren
Zu den Augentrancen gehört auch das Visualisieren oder Imaginieren von Bildern, die du in die Wirklichkeit über-

tragen willst. Es braucht sehr viel Konzentration, eine Vision auf eine leere Fläche zu übertragen und sie so stark zu halten, daß sie sich verwirklichen kann. Verliebte finden das übrigens gar nicht so kompliziert. Sie stellen sich die geliebte Person vor und sehen sie überall. So stark ist die Projektion, daß irgend jemand auf der Straße die Gestalt der geliebten, gerufenen Person annehmen und mit dieser verwechselt werden kann. Die geliebte Person kann durch eine starke Imagination sogar in die Nähe der imaginierenden Person gezogen werden.

Derlei „Liebeszauber" funktioniert tatsächlich manchmal, ein ganzer Berufszweig lebt davon, aber die Frage bleibt, ob man einen Menschen an sich binden will, der gar nicht weiß, daß er manipuliert wird.

Wenn du magisch über eine Vision, eine starke Imagination etwas gestalten, materialisieren oder in die Realität holen willst, mußt du das Sehen in der materiellen Ebene und das Abrufen in der spirituellen Ebene trainieren. Unsere VorfahrInnen in aller Welt wußten um die Macht des Blicks, der Imagination und der starken Visionen und schützten sich davor, von Blicken gebannt, magnetisch angezogen, überwältigt, gerufen oder zerstört zu werden.

Bist du deiner Augen mächtig, kannst du dir das Geld für eine Schreckschußpistole oder Reizgas sparen. Wer dir in die Augen sieht, wird wünschen, ausnahmsweise mal Siebenmeilenstiefel zu tragen oder dir nie begegnet zu sein. Macht Spaß, so eine Wirkung hervorzurufen!

Mächtige Augen sind nicht unbedingt nur Augen, die scharf sehen. Entscheidend ist der Geist, der das Gesehene und das Auszusendende koordiniert. Die Unlust des Hirns, optische Eindrücke zu verarbeiten, raubt deinem Blick die Macht, auch wenn du noch so gut siehst.

Alle Übungen im Kapitel AUGENTROST, die die Augen mit der entgegengesetzten oder mit der gleichen Körperseite anregen und trainieren, wecken das Hirn und wirken der Verarbeitungsfaulheit entgegen. Wenn du mit deinem Körper immer wieder auf die ungewöhnlichsten Arten spielst, öffnest du einen Spielraum, der sich gern auch mit Eigenmacht anreichert und dir klar macht, daß dein Körper mehr kann als essen und trinken, verdauen und arbeiten.

Der Flug der Augen, der aus der Alltagswelt in die magische führt, ist ein Weg der Macht und eine der größten Herausforderungen für Frauen auf dem Weg zu ihrer Magie. Du mußt wirklich schauen lernen, den Anblick aushalten, durch das Gesehene durchsehen.

Was glaubst du, warum sich Loths Frau nicht umdrehen durfte? Da mag es akkustische Wahrnehmungen gegeben haben, vielleicht hatte sie Gänsehaut, vielleicht roch sie etwas, aber das reichte nicht. Sie mußte SEHEN, was da war, und als sie sah, hielt sie es nicht aus und erstarrte.

Bilder können die Seele schädigen, zerstören. Wenn das Unglaubliche, das Ungeheuerliche, das Nie-Gesehene aufs Auge trifft, mußt du dir einen Plan gemacht haben, der funktioniert, wenn dein Hirn aufjault und deine Sinne einschmelzen.

Du mußt lange geübt haben, wie du mit überirdischen, außerirdischen, unirdischen, also einfach mit unbekannten optischen Phänomenen umgehen wirst. Das

mußt du durchziehen, egal, wie umwerfend oder verstei-
nernd das Erlebnis ist. Wenn du dir nicht sicher bist, dreh
dich lieber nicht um, starre nicht in Kerzenflammen, in
den Spiegel oder in deine eigenen Augen – und vielleicht
solltest du dann auch nicht fernsehen.

Ich bin keine Schulmedizinerin. Was ich über Heilungsprozesse im Körper, Anregung des Körperuniversums schreibe und an Übungen empfehle, ist die Essenz meiner Experimente und der Erfahrungen, die ich in über zwanzig Jahren Gruppenarbeit mit Frauen gemacht habe.

Es wird meinen LeserInnen schon bei der „Schmutzigen Frau" (Haut), bei „Starke Medizin" (Selbstheilungskräfte) und „Sanfte Wirbelstürme, vergessene Flügel" (Rücken) nicht verborgen geblieben sein, daß ich Heilung gerade nicht von unaussprechlichen und teuren Medikamenten erwarte, die von der Schulmedizin wie Fetische gegen Krankheiten erhoben werden und oft nur die zweifelhafte Wirkung haben, Pharmakonzerne reich zu machen, ihre Aktien hochzutreiben, Erreger gegen Wirkstoffe zu immunisieren, das eigene Immunsystem mehr und mehr auszuschalten und damit zu entmachten.

Das Problem mit Augentropfen ist zum Beispiel, daß sie, regelmäßig genommen, die körpereigene Flüssigkeitsproduktion reduzieren. Das Auge wird von den Tropfen abhängig.

Nasentropfen sind noch verhängnisvoller, weil sie die Nase austrocknen und damit das natürliche Klima, das die Härchen in der Nase brauchen, zerstören.

Es gibt natürlich Augenentzündungen, die sich mit Teebeuteln nicht mehr beschwichtigen lassen, wenn du deine Augen aber aktiv unterstützt und dir wohltuende Übungen und Umschläge schon dann gibst, wenn die Augen noch keinen Schaden erlitten haben, sind sie gar nicht erst anfällig für Entzündungen. Bindehautentzündungen lassen sich wunderbar mit Schwarzteebeuteln behandeln (immer beide Augen einbeziehen und nie den Beutel vom infizierten Auge aufs gesunde legen, ist ja klar).

Nach dem schweren Verkehrsunfall, der mein Wissen über Heilkräfte entscheidend beeinflußte, lag ich im Starnberger Krankenhaus. Eine alte Frau lag im Vierbettzimmer der Holzklasse neben mir und beobachtete, wie mir kein einziges Medikament, keine Infusion, keine Spritze und keine sonstige Folter verabreicht wurde. Eines Tages richtete sie sich beunruhigt auf und sagte: Sie müssen ja schlecht versichert sein, daß Sie so gar nix kriegen.

Tatsächlich wußte ich damals, daß ich nur eine Chance hatte: die eigene Heilkraft zu aktivieren oder auf immer schwer behindert zu bleiben. Diese Erkenntnis hat sich im Lauf der Jahre lustvoll auf alle Zonen meines Körpers ausgebreitet. Gerade noch hatte ich einen gewissen Respekt vor Orthopäden – schon regte sich meine übermütige Freude am Experimentieren mit den eigenen Muskeln und Bändern. Gerade noch fand ich, bei den Augen hört wohl der Spaß auf, denn die werden ja sogar behördlich verwaltet, zum Beispiel per Eintrag der Sehbehinderung im Führerschein – schon merkte ich, auch die Augen gehören in den Bereich des eigenen lustvollen Spiels mit dem Körper, in die Eigenverantwortung und die Entdeckung der angeborenen Fähigkeit des Körpers, sich selbst zu heilen. Daß meine Augen so scharfsichtig sind und der Augenhintergrund oft so hellsichtig ist, verdanke ich meinen experimentellen Übungen ebenso wie der Lust am Träumen, Imaginieren und Entspannen. Hier sind Anregungen, wie die Augen lebendig bleiben können und nachlassende Sehkraft wieder aktiviert wird.

Das Schöne am Augentraining ist, daß du dabei oft faul herumliegen, Schokolade essen, singen, Tee oder Whisky trinken, sogar in einem öffentlichen Verkehrsmittel fahren kannst. Die liebevolle Beschäftigung mit den Augen verkürzt Wartezeiten und eröffnet eine neue Welt: Die Augen sind ja Hüterinnen sowohl der Außen- als auch der Innenwelt. Beschäftigst du dich mit dem SEHEN, tauchst du gleichzeitig in das Gewebe deiner Wahrnehmung ein. Übungen und Spiele, die die Augen stärken, machen dir gleichzeitig die Qualität deiner Wahrnehmung, Täuschungen und Selbsttäuschungen bewußt und bringen dich deinem verborgenen Wissen näher.

Die Erkenntnis der AugenmedizinerInnen, daß *Rasterbrillen,* die das Sehfeld in kleine Quadrate aufteilen, fürs Sehen besonders gut sind, hat eine alte Tradition. Im Königreich Benin bekamen die Königinnen und Könige Perlenkronen, deren lange Perlenfäden dicht über die Augen hingen und so genau den Rastereffekt machten, der heute wieder angestrebt wird. Auch bei den Inuit ist die wohltuende Wirkung dieser Art Rasterbrillen bekannt, sie benutzten Brillen aus Walroßzahn geschnitzt, die nur ganz schmale Sehschlitze hatten – das hielt das allzu helle, von den Gletschern widergespiegelte Licht ab und trainierte die Sehkraft. Eine Rasterbrille kannst du dir aus zwei Teesieben zusammenbauen.

Umschläge für die Augen

Eine gute Regeneration für die Augen sind Auflagen oder Umschläge. Augenbäder sind irgendwie aus der Mode gekommen, weshalb es auch keine Augenbadewannen mehr zu kaufen gibt. Augenärzte sagen, daß Augenbäder sogar schädlich sind, weil sie Bakterien enthalten können. Ich habe mir die Augen sowieso nie gebadet, deshalb trifft mich das nicht. Wenn du morgens mit verquollenen Augen aufwachst oder Tränensäcke unter den Augen hast, helfen Teebeutel wunderbar. Sie haben gleich zwei Vorteile: einmal kannst du Tee trinken, was dem Körper gut tut (schwarzen Tee, grünen Tee oder Kräutertee mögen die Augen am liebsten), zum anderen kannst du die Umschläge in der günstigsten Reihenfolge machen, nämlich zuerst warm, dann kalt. Schwarzer und grüner Tee haben eine keimtötende und astringierende Wirkung, Kräuter wie Augentrost oder Schafgarbe heilen und beruhigen. Auf die angeschwollene Augenumgebung solltest du nie eiskalte Beutel oder gar Eisbeutel auflegen, das ist dem feinen Gewebe zu heftig. Die Warm-kalt-Wechselwirkung wirkt sich am besten aus.

Dünn geschnittene frische Ingwerscheiben regen die Durchblutung der Augenumgebung an, du legst sie am besten unter die Augen und je eine Scheibe auf die geschlossenen Lider.

Bananen- oder Avocadoscheiben haben, unter die Augen und auf die Lider gelegt, eine beruhigende Wirkung.

Du kannst die Augenumgebung auch am Abend sanft mit Avocado- oder Mandelöl oder mit Kakaobutter massieren. Diese Substanzen sollten nicht direkt in die Augen geraten, sondern nur die Umgebung der Augen berühren. Sie wirken auch der Faltenbildung entgegen, falls dich das interessiert.

Wenn du das Gefühl hast, daß deine Tränenflüssigkeitsproduktion gestört ist und deine Augen sich trocken anfühlen oder du einen Fremdkörper nicht aus dem Auge befördern kannst: Zwiebeln schneiden. Tränenflüssigkeit reinigt die Augen und schwemmt eventuelle Fremdkörper und Giftstoffe gut aus. Das gilt natürlich nicht für Splitter oder Fremdkörper, die irgendwo im Auge festsitzen – dann gehst du sofort in augenärztliche Behandlung.

Wenn du bemerkt hast, daß du die Augen oft zusammenkneifst, um besser zu sehen, solltest du dieser Verspannung aktiv entgegenwirken, indem du immer wieder mit geschlossenen Lidern die Augenbrauen so weit nach oben ziehst wie möglich. Weil das Zusammenkneifen der Augen ein Zeichen ist, daß du nicht so gut siehst, solltest du dir auch überlegen, wie du dieser Schwächung deiner Sehkraft entgegenkommst. Falls du Auto fährst, mußt du deine Sehkraft prüfen lassen. Aber fang auf jeden Fall schon mal an, deine Augenmuskeln zu stärken, indem du Übungen machst (siehe Seite 87).

Eine Mullwindel in wohlriechenden Kräutersud getaucht und warm auf das ganze Gesicht gelegt, entspannt nicht nur die Augen, sondern auch alle Muskeln des Gesichts. Da wir viel zu oft bemüht lächeln und verkrampft oder höflich schauen, ist es gut, unter so einem Umschlag das Gesicht total entgleisen zu lassen. Die Vorstellung, daß dein Gesicht wachsweich wird und mit der Schwerkraft der Erde nach unten fließt, kann dir dabei helfen.

Wenn du dir Umschläge oder Auflagen machst, solltest du immer ganz bewußt auch den Unterkiefer lösen und entspannen.

Was den Augen in der Zivilisation am meisten fehlt, ist *Dunkelheit.* Genauso dringend brauchen sie zwar das Sonnenlicht, aber während wir tagsüber ja davon immer etwas bekommen, sind die Nächte mehr und mehr beleuchtet, es fehlt uns an vollkommener Dunkelheit. Wer immer bei Licht einschläft, darf damit rechnen, daß die Sehkraft rapide nachläßt.

Falls du am Computer arbeitest, solltest du auf jeden Fall abends mindestens eine Viertelstunde in den Nachthimmel schauen, um die Augen zur Ruhe zu bringen, denn Computerbilder setzen sich wie Fernsehbilder aus Impulsen zusammen, die das Auge ständig anspringen.

Du kannst dir auch einmal eine Ruhepause gönnen und ein weiches Tuch auf die Augen legen, das den Tag zur Nacht macht.

Um deine Augen zu stärken, such die dunkle Nacht ohne künstliche Beleuchtung. Öffne die Augen zum dunklen Himmel und laß deine Pupillen ganz weit werden. In Städten ist das schwierig, weil es soviel Streulicht gibt, also solltest du, wenn du in der Stadt wohnst, gelegentlich eine Nacht auf dem Land verbringen und einen Nachtspaziergang unternehmen.

Wenn du wie ich mit Freundinnen Rituale feierst, befriedigst du gleich mehrere elementare Bedürfnisse:

Die Augen können ins Feuer und in die Dunkelheit schauen, die Knochen werden durch das Stampfen und Springen in ihrem Wachstum angeregt, der Kreislauf kommt in Schwung, der Körper reinigt sich durch Schwitzen, Lachen und Stimmvibration, der Traumkörper wird geweckt, die Haut kommt wieder mit wilden Substanzen in Berührung – Glückseligkeit ist die Radikalkur nicht nur für die Augen, sondern für das ganze Körperuniversum.

Mit der folgenden Übung kannst du deine *Augen energetisieren* und lebendig halten. Du kannst sie morgens und abends machen oder wenn deine Augen besonders angestrengt und müde sind.

Reibe einige Minuten deine Handflächen gegeneinander und lege dann die so aufgeladenen Hände wie kleine Schalen über die Augen. Während du die Energie fühlst, die aus den Händen in die Augen fließt, begleite deinen Atem, so wie er fließt, ohne ihn zu beeinflussen.

Drei Übungen zur Stärkung der Sehkraft,
die ich täglich mehrmals mache.
- Fixiere einen Punkt in der Ferne, zum Beispiel einen Zweig oder einen elektrischen Draht, stell das Bild scharf. Sobald es scharf ist, wechsle zu einem nahen Punkt, zum Beispiel deine Handlinien. Du kannst die Hand dabei so nah an die Augen halten, wie es dir noch gelingt, die Linien scharf zu sehen.
Sobald du sie scharf siehst, wechselst du wieder zum entfernten Punkt.
Wandere mit den Augen, also mit der Schärfeeinstellung mehrere Male hin und her.

- Öffne die Augen weit, um Helligkeit einzulassen, dann laß die Augen geöffnet und bedecke sie mit den Händen, so daß es dunkel wird und die Pupillen sich weiten, nach wenigen Sekunden nimmst du die Hände wieder von den Augen, und die Pupillen ziehen sich zusammen – mehrere Male im Wechsel.

- Schließ die Augen und wandere mit den Augäpfeln mehrmals langsam an einer imaginierten liegenden Acht entlang. Wechsle die Richtung. Wenn dich das ermüdet, mach eine kleine Pause und nimm die Wanderung wieder auf. Falls dich die Acht zu sehr anstrengt, kannst du die Augäpfel auch kreisen lassen.

Die Augen bestehen in der Hauptsache aus *Muskeln,* die schlaff oder aktiv sein können. Wenn du viel am Computer sitzt oder deine Arbeit, dein Leben sehr gleichförmig und ereignislos ist, haben die Muskeln, also auch die Augenmuskeln, einen geringen Bewegungsspielraum, das heißt auch, daß sie nicht mehr so gut spielen können, daß sie sich nicht erinnern, wie das geht.

Wenn du schon eine Sehhilfe trägst, richten sich die Augen auf diese Unterstützung ein und sind erst mal sauer, wenn du sie fordern willst. Wozu? Alles ist doch mit Brille oder Linse geregelt! Die Sehhilfe heilt aber das Auge nicht, sie gleicht nur einen entstandenen Mangel aus, das Auge gewöhnt sich dran und schlafft weiter ab, die Sehkraft läßt weiter nach.

Das Problem mit Muskeltraining ist, daß es schwerer fällt, je weniger ein Muskel trainiert ist. Wenn du also anfängst, Muskeln in einem Körper aufzuwecken, kannst du nicht erwarten, daß sie wundervoll geschmeidige Bewegungen abliefern. Du mußt ihnen Zeit lassen, darfst sie nicht überanstrengen. Mit der Zeit erinnern sie sich wieder an ihre Fähigkeiten und werden elastischer, dann machen die Übungen mehr Spaß.

Für die Augen ist es besonders wichtig, daß du alle Übungen spielerisch und ohne Ehrgeiz machst. Zwingst du sie in akrobatische Testreihen, rächen sie sich mit Schwindelgefühlen. Vergiß den Ehrgeiz – davon haben wir in unseren Breiten überall genug. Mach dich auf eine Entdeckungsreise zu deinen Augen, zu deiner Lebenskraft, zu deiner Fähigkeit, nach innen und nach außen zu schauen, und gib den Augenmuskeln eine Chance, mitzureisen, ohne sie zu ermüden.

Einer der besten Wege zur authentischen Wahrnehmung ist Lachen. Beobachte, worüber du lachst, wann du lachst, wann dir das Lachen vergeht. Du kannst nämlich nicht verlogen lachen oder korrekt lachen. Lachen ist ein spontaner Impuls, der sich über alle Tabus und Verbote hinwegsetzt. Lachen bricht aus dir heraus – und wenn es dir noch so peinlich ist. Wahrnehmung und Reaktion sind vollkommen eins. Ich meine natürlich nicht dieses künstlich-kultivierte Haha-hihi-Lachen. Ich meine das Lachen, das irgendwo im Bauch aufsteigt und in den unmöglichsten Situationen, in der S-Bahn, in der Kirche, in einer Menschenmenge, die ganz still ist, ausbricht, deinen Körper in einem anarchistischen Befreiungsschlag mitreißt, deine Augen wässert, alle Umstehenden ansteckt.

Ich zum Beispiel muß über einen Witz wahnsinnig lachen, der überhaupt nicht komisch ist, aber eine Art erkennender Hysterie in mir auslöst, die mich einfach niedermäht. Haider geht in einen Buchladen und kauft ein Buch. Fragt die Verkäuferin: Soll ich's einpacken, oder verbrennen Sie es gleich?

Wenn ich an die Komplexität dieser Situation denke, schwimmen meine Augen in Endorphinen.

Ich habe die Erfahrung gemacht, daß Lachen die Augen mehr entspannt, mehr trainiert und heilt als jede Übung. Denn der Job, den die Augen haben, ist wahnsinnig anstrengend. Tagsüber müssen sie die optischen Eindrücke aufnehmen, analysieren und filtern, während die imaginierten Bilder von innen aufsteigen und, wie schon beschrieben, ebenfalls analysiert und angeglichen werden müssen. Nachts haben sich die Augäpfel kaum die Liddecke über die Linse gezogen, fängt schon der Stress mit den Traumbildern im Rem-Schlaf an, die verfolgt werden wollen.

Das alles könnte ganz anders sein. Die Augen wurden genau dafür entworfen, das können sie am besten, das lieben sie. Sie suchen nach anregendem Futter, sie wollen schauen, wollen den Traumbildern nachjagen, herumtollen, Purzelbäume schlagen. Das kann aber nur lustvoll sein, wenn die Person, die wahrnimmt und innere Bilder aufsteigen läßt, mit diesen Bildern im Einklang ist, wenn die Augen nicht überanstrengt und überfordert sind. Wer übermütig in die Flut von Impulsen springt und die Augen nicht zwingt, absolute Wahrheiten anzunehmen und ultimative Wertungen zu fressen, hat den ersten Schritt zum klaren Blick, zum Durchblick, zum hellen Sehen getan.

Es gibt ein Mittel, das die Augen mehr als jede Übung energetisiert: *Tränen lachen.* Einerseits kontrahiert die ganze Augenmuskulatur und entspannt sich wieder, die Stimme sorgt für Vibration, die Tränenflüssigkeit spült die Linsen (vielleicht sollte ich hier erwähnen, daß mit der Tränenflüssigkeit keimtötende Stoffe und Endorphine, also beruhigende, beglückende Stoffe ausgeschüttet werden.

Gekichert und gelacht wird erfahrungsgemäß bei Frauen mehr als bei Männern und da auch wieder bei undogmatischen Frauen mehr als bei Frauen, die eine Mission auf ihre Fahne geschrieben haben. Wirtshäuser sind deshalb gute Lachquellen, weil der enthemmende Alkohol oft hilfreich dazukommt, allerdings wird die heilende Wirkung des Lachens hier manchmal durch den beißenden Rauch der vielen Zigaretten geschmälert.

Wenn es in meiner Kindheit etwas gab, das mich mit der Welt versöhnte, dann war es das Lachen von Tante Miggi. Dieses ekstatische, hohe, befreiende Lachen war die Medizin meiner frühen Jahre. Noch heute kann ich es abrufen und mitlachen. Meine Mutter traf sich mit ihren Freundinnen zum Kartenspielen, und meine Schwester und ich lagen erwartungsvoll im Bett: Gleich passiert's. Dann fingen sie an zu lachen und zu kreischen, und wir badeten uns in der Sicherheit und Behaglichkeit dieses Lachens.

Tränen weinen ist – in Maßen – fürs Auge und für die Seele nicht schlecht. Der Nachteil ist, daß die heilende Wirkung durch die tendenziell abstürzende Stimmung erheblich reduziert wird. Zuviel Weinen strengt die Augen wahnsinnig an, macht Tränensäcke und erzeugt eine Sucht nach Endorphinen, die sich verhängnisvoll auswirkt, weil sie an Trauer und Verzweiflung gekoppelt ist.

Anstatt dich ständig bei deiner guten Freundin auszuheulen und sie damit zu deiner Endorphindealerin zu reduzieren, solltest du mit ihr kichern, dann habt ihr beide etwas davon: Endorphinschübe, die den Kopf frei machen und so etwas wie eine Zukunftsvision zulassen.

Was die Augen überhaupt nicht mögen, ist die Negation des Gesehenen. Zum Beispiel unterhalten sich mein Hirn und meine Augen noch heute über einen geköpften Mann im weiß-grün gestreiften Seidenanzug, der auf einer Straße auf dem Markt von Alt-Dehli lag. Ich sah, daß er keinen Kopf hatte, aber mein Hirn setzte ihm den Kopf immer wieder auf. Das Auge gab durch: Da liegt ein Geköpfter. Der Kopf liegt neben den Knien. Das Hirn sagte: Nein, das halte ich nicht aus, der Kopf soll wieder auf dem Hals sitzen.

Das ist ein sehr dramatisches Beispiel, es gibt Tausende von kleinen Gelegenheiten, wo die Zwangsanpassung nicht auffällt: obszöne Gesten, die du nicht sehen, schreckliche Nachrichten, die du nicht lesen willst, Bilder, die dich an ein Kindheitstrauma, an eine der ekligen Kindheitshypnosen erinnern, aus denen du dich – noch – nicht befreien kannst. Erinnerungen an Niederlagen, Demütigungen durch optische Eindrücke. Die Augen sehen, das Hirn sagt: Nein, das nicht. Das ist zu schmerzhaft. Das ertrage ich nicht. Das macht mir Angst. Das demütigt mich. Das macht mich funktionsunfähig. Also weg damit. Das Auge versucht die Legitimität der wertfreien Wahrnehmung zu behaupten: Ich *sehe* doch nur. Ich gebe doch nur durch, was *ist*. Aber wenn's nicht sein darf, ist die Mühe der Augenmuskeln vergeblich.

Mehr als unter Anstrengungen leidet das Auge an *Widersprüchen*. Es muß sehen, was du nicht sehen willst. Es muß Impulse verarbeiten, während das Hirn in Urlaub geht und ganz andere Impulse imaginiert, das muß dann wieder mit der Wahrnehmung koordiniert werden, dazu kommt die Analyse: Schreckliche Realität, will ich nicht sehen. Davon hat das Auge nichts, denn es muß weiterschauen.

Was die Augenmuskeln entspannt: Nimm wahr und verzeih dir, daß du das Wahrgenommene nicht sehen willst, nicht verarbeiten kannst. Wenn das Hirn dem Auge durchgibt: Tut mir leid, da bin ich blockiert! ist das Auge nicht beleidigt. Das heißt: Wir dürfen nicht die Qualität des Gesehenen mit der Qualität der Sehfähigkeit durcheinanderbringen. *Scharfstellen. Loslassen. Auge entspannen. Lächeln.*

Es gibt immer Frauen und Männer, die den durch deine Eltern freigewordenen Job der ErzieherInnen für dich übernehmen wollen, die dir so Weisheiten hinreiben wie: Dem mußt du dich stellen, das mußt du dir schon anschauen können, da mußt du schon hinsehen, da darfst du nicht wegsehen, frag dich mal, warum du das nicht sehen willst usw.

Der Weg zu hellem Sehen, zu einem klaren Blick, zu scharfen Augen ist der Weg fort von den besserwisserischen TherapeutInnen und PhilosophInnen, die alles in deinem Leben auf die Reihe kriegen, aber nichts in ihrem eigenen.

Schau dir an, was du sehen willst.

Schau weg, wenn dir etwas zuviel ist.

Schließ die Augen, wenn's dir reicht.

Laß dich nicht zu widersprüchlichen Gefühlen/Handlungen drängen, weil dich das aus der Harmonie deines Körperuniversums wirft.

Wenn du bei etwas kein gutes Gefühl hast, spür dem nach, mach's nicht.

Wenn du das Gefühl hast, Boden unter den Füßen zu verlieren, dich nicht mehr entscheiden zu können, nicht mehr zu wissen, wo und wer du überhaupt bist: *Bleib bei deinem Körper.* Schließ die Augen und fühle dich. Atme, dann weißt du, wer du bist und wo du stehst. Öffne die Augen und nimm deine Umgebung wahr, dann weißt du, was du siehst, was du wahrnehmen darfst und was du nicht wahrhaben willst. Zu wissen, wer du bist und wo du stehst, ist keine abstrakte philosophische Frage, sondern eine ganz körperliche, praktische.

Was hat das alles mit den Augen zu tun? Da die Augen Wahrnehmungs- und Kontrollorgan Nummer eins sind, leiden sie an der Widersprüchlichkeit deiner Wahrnehmung und der Verarbeitung oder der Unmöglichkeit, sie zu verarbeiten, zuerst. Die Augen geben dir eine Information: Das sehe ich. Dann sagt das Hirn: Das ist unmöglich. Oder: Das darf nicht sein.

Was, bitte, sollen die Augen jetzt tun? Das Gesehene ungesehen machen? Lies dies Schild nicht? Die Augen erinnern sich an die Ursituation, die Geburt. Kaum geöffnet, mußten sie sich schon umstellen. Aha, das zieht sich also durchs ganze Leben, kaum nehme ich etwas wahr, muß ich es auch schon drehen, anpassen, manipulieren, weil irgendeine Außenstelle behauptet, daß alles ganz anders ist. Fazit: Ich genüge nicht. Was ich wahrnehme, stimmt nicht. Salopp formuliert, sagen sich da doch die Augen: Wozu dann überhaupt so genau hinschauen! Gewalt und sexuelle Gewalt in der Kindheit gehen auch ins Auge: Was ich sehe, ist so schmerzhaft, daß ich es lieber gar nicht sehen will. Ein Muskel, der sich dehnt, wird gleichzeitig zusammengezogen. Die Widersprüche zwischen Wahrnehmen und Verarbeiten setzen den Augen also am meisten zu. Das heißt, daß die Augen unterstützt werden, wenn Wahrnehmung und Verarbeitung harmonisieren, das heißt, wenn du annimmst, was ist, und vermeidest, was du nicht verarbeiten kannst.

- Zur Lösung der Nackenmuskulatur und damit zur *Entspannung der Augenmuskulatur* kannst du gelegentlich den Kopf wiegen wie indische Menschen, wenn sie „ja" sagen wollen. Der Kopf beschreibt dabei eine liegende Acht, während das Gesicht, die Augen nach vorn gerichtet sind.

- Auch die bewußte *Entspannung und Lösung der Hände* und der Finger hilft den Augen, in die Höhlen zu sinken und zu ruhen. Viele Menschen ballen unbewußt eine Hand zur Faust, dabei überanstrengen sie die Muskeln, die für die Wahrnehmung des entgegensetzten Sehfelds zuständig sind (also rechte Hand, linkes Sehfeld, linke Hand, rechtes Sehfeld). Das Spreizen der Zehen und das bewußte Aufdrücken der Fußsohlen auf dem Boden (bei Katzen ist es das Milchtreten) entspannen die Augen. Dazu ist es natürlich notwendig, Schuhe und Strümpfe auszuziehen, und ich benutze diese Gelegenheit gern, um klarzumachen, daß die Füße in Socken eher kalt werden, als wenn sie barfuß die Temperatur aufnehmen und regeln können. Bleiben die Füße lebendig, haben auch die Augen was zu lachen – da bin ich wirklich Spezialistin.

- *Purzelbäume* schlagen und sich einen Hügel wie ein Kind hinunterrollen lassen, bringt den Körper in Wallung, ins Schwitzen und den Gleichgewichtssinn durcheinander. Das tut den Augen sehr gut, mal nicht die lineare Fortbewegungsmonotonie mit ansehen zu müssen. Auch Sprünge in die Luft, Seilhüpfen und sich wild um die eigene Achse Drehen sind (heftige) Mittel, um die Gleichförmigkeit der optischen Wahrnehmung durchzuwirbeln. Fang damit sanft an, wenn du Angst hast, schwindlig zu werden. Ich glaube auch, daß Hulahup-Reifen mit den Hüften gedreht, also diese fast spiralige Drehbewegung für die Augen gut ist. Ich mache das ohne Hulahup-Reifen beim Tanzen. Unser Ursprung ist taumeln, tanzen, drehen, schweben, gleiten. Dafür ist in der „zivilisierten" Welt kaum noch Raum; je weiter wir uns in die Linearität, in die „logische" Folge von Bewegungen einordnen, um so mehr schwächen wir unsere Sinne, insbesondere die Augen, die schon gar nicht mehr sehen wollen, was sie sich alles ansehen müssen.

- *Farben* wirken unterschiedlich auf die Augen, weshalb es wichtig ist, herauszufinden, welche Farben deine Augen häufiger sehen als andere und wie Farben das Auge beeinflussen. Daß die grüne Farbe der Natur für die Augen wohltuend ist, ist ja ein alter Hut. Für viele ist diese Natur allerdings kein reines Vergnügen, weil sie allergisch sind und die Augen zu tränen beginnen, sobald das wohltuende Grün in die Augen und die dazugehörigen Pollen in die Nase stechen.

Wer Heuschnupfen und Allergien hat, braucht *Blau*. Du kannst dir eine dieser schönen blauen Weledaflaschen über die geöffneten Augen halten (gegen das Fenster) oder ein blaues Tuch auf die offenen Augen legen. Zehn Minuten Blau trinken läßt Schleimhäute abschwellen und den Juckreiz zurückgehen. Blau hat eine kühlende, keimtötende Wirkung. Ein blaugestrichenes Schlafzimmer ist nur etwas für Menschen, deren Körper wie ein Ofen heizt. Auch in den Hitzewallungen der Wechseljahre kann blaues Bettzeug kühlende Linderung bringen. Wer friert, verbannt Blaues aus dem Blickfeld ums Bett herum.

Grün kannst du auch als Tuch, als Seidenpapier oder Glasgefäß dem Auge verpassen. Das kommt besonders gut nach der Arbeit am Computer oder großem Stress. Zehn Minuten entspannen die Augen wunderbar.

Violett mag ich zwar nicht, ich muß aber zugeben, daß es die ideale Heilfarbe für Augen und Hirn ist. Wenn du zuviel Strobelight, zuviel Rauch, zuviel schlechte Luft, zu viele wechselnde Impulse, zuviel Anspannung aushalten mußtest, kannst du dich mit zehn Minuten Violett (wie bei „Blau" beschrieben) runterbremsen.

Rot ist selten eine „Heil"farbe fürs Auge, eher schon Anregung, Provokation, Aufforderung zur Lebendigkeit. Mit roter Farbe solltest du das Auge aufmischen, wenn du schlaff, antriebslos, depressiv und ohne Lebensfreude bist. Wenn du dich fragst, was das Leben überhaupt soll. Das kann dir „rot" zwar auch nicht beantworten, aber deine Lebensgeister werden geweckt. Rot kann auch deine Aggressionen schüren; wenn du gelassener werden willst, streichst du deine Zimmerwände besser nicht rot.

Gelb hat eine wärmende Wirkung, ohne das Auge allzusehr aufzupowern. Gelb- und Goldtöne vermitteln eine innere Erhabenheit, vielleicht schaffst du es auch, dich mit diesen Farbtönen selbst erhaben zu fühlen. Am Körper getragen, machen Gelbtöne sehr sichtbar. Solltest du dich lieber nicht so exponieren, dich eher zurückziehen wollen, kannst du auf *Schwarz* ausweichen. Schwarz wirkt magnetisch, zieht den Blick in die Tiefe, saugt Informationen auf und macht die Person eher unsichtbar.

- Wenn die Augen viele heftige Bewegungen zu verfolgen hatten, brauchen sie *Ruhe*. Da Entspannung erst durch vorherige Anspannung wirklich zu spüren ist (das gilt für alle Muskeln), öffnest du zuerst die Augen ganz weit, reißt die Lider auf, drückst die Augäpfel ein wenig nach außen. Dann läßt du die Lider sanft über die Augen fallen und stellst dir vor, daß die Augäpfel nach innen in die Augenhöhlen sinken. Laß sie dort ein wenig ruhen. Dazu solltest du möglichst Stille um dich herum haben. Musik würde neue Mikrobewegungen aller möglicher feiner Muskeln auslösen.

Die Augen mit all den Muskeln schweben nicht losgelöst im Körper. Um sie zu entspannen, mußt du dir über Spannungen in der unmittelbaren Augengegend, im Nacken, in den Schultern, im Kieferbereich, im Rücken und in den Füßen bewußt werden. Auch die Hände und eventuelle Verkrampfungen in den Fingern (unbewußt eine Faust ballen z.B.) wirken sich auf die Augen (die rechte Hand aufs linke, die linke Hand aufs rechte Auge) aus.

Gesicht entspannen
- Dazu legst du dich am besten auf den Rücken, die Beine etwas breiter als hüftbreit weggestreckt, die Arme rechts und links entspannt am Körper liegend. Schließ die Augen und versuch dir vorzustellen, daß die Schwerkraft der Erde dich in den Untergrund einsinken läßt. Jetzt:
- runzle die Stirn,
- zieh Augenbrauen und Augen ganz fest zusammen,
- rümpf die Nase,
- zieh das Gesicht zusammen, als hättest du etwas sehr Saures gegessen,
- laß alle Muskeln los, falls du mit anderen Körpermuskeln die Spannung mitgemacht hast, laß die auch los.

Ganzen Körper entspannen
- Spann auf dem Rücken liegend, wie oben beschrieben, Nacken und Kopfmuskeln kurz an und laß den Kopf sanft auf die Unterlage sinken;

- spann beide Arme und Hände an, zieh sie aus den Schultern und heb sie etwas vom Boden weg, halten, fallen lassen;
- drück den ganzen Rücken fest gegen den Boden, achte darauf, daß Arme, Kopf und vor allem Kiefermuskeln entspannt bleiben;
- kneif die Pobacken ganz fest zusammen und zieh die ganze Beckenbodenmuskulatur nach innen, als wolltest du Wasser aufsaugen, kurz halten, loslassen;
- spann die Muskeln der Beine bis zu den Zehen hinunter kurz an, heb beide Beine kurz etwas vom Boden weg und laß sie fallen;
- laß dich jetzt ganz schwer und entspannt einfach in die Unterlage sinken.

Entspannung auflösen
- Beweg Finger, Zehen, Hände, Füße, verzieh das Gesicht in lustvollen Grimassen, streck Arme und Beine lang und zieh die Knie zum Körper, laß dich auf dem Rücken schaukeln. Schaukle die Augäpfel unter den geschlossenen Lidern nach rechts und nach links. Roll dich entspannt auf die rechte Seite zum Sitzen. Wenn du gut auf deinen beiden Sitzhöckern sitzt, reiß die Augen und den Mund auf, drück die Augäpfel nach außen, streck die Zunge raus und laß die Luft in einem stimmlosen Ha herausströmen.

Wenn die *Schultern* ständig in einer leichten Fehlhaltung oder Anspannung gehalten werden, ermüden die Augen schneller. Lockere also die Schultern, wann immer du daran denkst, am besten in meiner Lieblingsübung:

- Zieh die Schultern hoch und laß sie bei entspanntem Unterkiefer fallen. Das lockert den Schulterbereich, löst die Verbeißungen im Unterkiefer und entspannt die Augenmuskeln, die sich jetzt endlich auf andere Eindrücke konzentrieren können.
- Laß den Kopf nach vorn aufs Brustbein sinken und rolle ihn weich nach rechts und nach links.
- Kreise die Schultern nach hinten und nach vorn, um Schultern und Nacken aus dem Spannungszustand zu holen.
- Schieb das Kinn bei aufgerichteter Halswirbelsäule (Gesicht schaut gerade nach vorn) vor und zurück.
- Laß die Lippen weich aufeinander vibrieren, wie Kinder es machen, wenn sie Autofahren spielen. Diese Vibration tut dem Hirn, der Wirbelsäule, allen Knochen und den Augen gut.

All diese Bewegungen kannst du gut mit Musik machen, das hilft, sie weicher und spielerischer werden zu lassen.

- Wenn du am PC sitzt, stell den Computer, wenn möglich, so, daß eine Pflanze oder ein Fenster mit Baum oder Pflanzen in deinem Blickfeld ist, dann kann sich das Auge zwischendurch erholen. Nachts kannst du eine Kerze neben oder auf den Bildschirm stellen, so wandert der Blick gelegentlich zur Kerze und starrt nicht ständig auf die Impulse aus dem Monitor.

Anregung der Augen
durch Imagination und Körperübungen

Zur rechten Hirnhälfte gehört die linke Körperseite und das linke Sehfeld beider Augen. Die rechte Hirnhälfte verarbeitet Informationen und Impulse vielschichtig und räumlich, sie steuert die Körpersprache, die ganzheitliche Aufnahme der Wirklichkeitsebenen. Sie koordiniert die vielen Schichten der Realität und schafft Verbindungen und Kommunikation – und zwar nicht linear.

Tanz, Musik, Körperausdruck, Stimme werden von der rechten Hirnhälfte mehr angeregt als von der linken. Entsprechend gehen Wissenschaftler davon aus, daß künstlerische Impulse dort angesiedelt sind.

Da das Körperuniversum ganzheitlich arbeitet, gibt es natürlich nicht eine Stelle, die allein für eine Funktion zuständig wäre, aber die rechte Hirnhälfte und die linke Körperseite, das Träumerische, das Imaginative, die Visionen und die Leidenschaften bedingen sich stark. Imaginationsübungen wirken auf das linke Sehfeld der Augen.

Die Sehschwäche der Augen ist meistens unterschiedlich: RechtshänderInnen sehen oft auf dem linken Auge schlechter.

Zur linken Hirnhälfte gehört die rechte Körperseite und das rechte Sehfeld beider Augen. Die linke Hirnhälfte verarbeitet Informationen linear, sie steuert die analytischen Fähigkeiten, das Ordnen und Berechnen der Wirklichkeitsebenen, das Gedächtnis, Wörter, Zahlen, Texte, logische Schlußfolgerungen. Körperübungen oder das Imaginieren von Zahlen und Buchstaben wirken auf das rechte Sehfeld der Augen.

- Um mit den verschiedenen Körper-/Hirn-Seiten und Sehfeldern ein wenig zu *spielen,* kannst du die rechte Hand zur Faust ballen, das linke Auge zukneifen und gleichzeitig die linke Hand weit öffnen und das rechte Auge aufreißen. Versuch das ein paarmal im Wechsel. Dann das linke Auge und die linke Hand weit öffnen und die rechte Hand zur Faust ballen, das rechte Auge zukneifen, mach auch das einige Male im Wechsel.

In dieser Übung regst du deine Sehkraft, deine Imaginationskraft und deine Körperkoordination an, schärfst deine Sinne, bringst dein Hirn in Schwung und energetisierst dein Körperuniversum. Alles gleichzeitig.

- Stell dich mit den Füßen etwa hüftbreit auf eine Unterlage, auf der du gut stehst. Geh leicht in die Knie. Schließ die Augen. Nimm mit den Fußsohlen Kontakt mit dem Boden auf.
- Heb jetzt deinen rechten Arm bis zur Schulterhöhe, halte ihn einen Augenblick und laß ihn wieder sinken. Mach die gleiche Bewegung mit dem linken Arm. Während du die Bewegung ausführst, konzentriere dich auf deine Körperempfindungen.
- Heb den rechten Arm noch einmal bis zur Schulterhöhe, halte ihn und werde dir klar, daß dein imaginärer rechter Arm am Körper herunterhängt. Du hast jetzt zwei rechte Arme. Laß den rechten Arm wieder sinken und spür, wie er sich mit dem rechten imaginären Arm vereinigt.
- Dasselbe mit dem linken Arm.
- Jetzt heb den rechten körperlichen Arm und den linken imaginären gleichzeitig. Spür beide Arme, die angehoben werden, und spür jetzt auch die beiden Arme, die herunterhängen. Du hast vier Arme. Versuch, alle vier Arme zu spüren.

- Dasselbe mit dem linken körperlichen Arm und dem rechten imaginären Arm.
- Dreh jetzt dein Gesicht nach links und stell dir vor, daß dein imaginäres Gesicht nach vorn schaut. Dreh das Gesicht wieder zurück und spür, wie es sich mit dem imaginären Gesicht verbindet.
- Dasselbe in die rechte Richtung – das imaginäre Gesicht schaut nach vorn.
- Jetzt laß dein Gesicht nach vorn schauen, während dein imaginäres Gesicht nach rechts und dein zweites imaginäres Gesicht nach links schauen. Konzentriere dich, um alle drei Gesichter zu spüren. Dann laß beide imaginären Gesichter wieder eins werden mit dem körperlichen Gesicht.
- Laß deinen Körper pendeln und spür, wie der imaginäre Körper in die entgegengesetzte Richtung deines körperlichen Körpers schwingt. Versuch, die beiden Körper genau zu spüren, dann kannst du dir sogar vorstellen, mehrere Körper in verschiedene Richtungen schwingen zu lassen.
- Zum Schluß vereine alle imaginären Körper wieder mit deinem körperlichen Körper und verschließe die Schichten mit tiefen, genüßlichen Atemzügen.

Da die Sehkraft nur zu einem Teil von der optischen Aufnahme von Impulsen abhängt, ist diese Übung unglaublich wichtig zur Anregung der Verarbeitung von Impulsen durch dein Hirn. Kurzsichtigkeit oder Weitsichtigkeit im Alter hängen in hohem Maß von der Lustlosigkeit des Hirns ab, eintreffende Bilder zu verarbeiten, zu deuten, wahrzunehmen. Man könnte sagen, das Hirn ist genervt.

Es braucht Anregung, Herausforderung, neue Nahrung. (Die ursprüngliche Idee für diese Koordinationsübung zwischen imaginiertem und körperlichem Körper stammt von Jean Huston, ich habe sie weitergesponnen.)

Eine ähnliche *Sehen/Imaginieren-Übung*

- Fixiere eine Szene, die du vor dir siehst, wähle einen Bildausschnitt und stell dir jetzt vor, daß mit einem Lidschlag aus der bunten Szene ein Schwarzweißbild wird. Du siehst die Szene, schließt ganz bewußt die Lider, und während sie über die Augen klappen, stellst du dir vor, daß du ein schwarzweißes Foto aufnimmst. Versuch die Szene in Schwarzweiß genau vor deinem inneren Auge zu sehen.

Imaginiertes Lesen

- Stell dir vor, du hast eine Schrift vor dir. Deine Augen sind geschlossen. Wandere mit deinem inneren Blick an der Schrift entlang und lies sie, als wären deine Augen offen.

Imaginiertes Augenbad

- Stell dir vor, eine wohlig warme Flüssigkeit steigt in deine Augenhöhlen. Die Augäpfel werden von der Flüssigkeit ganz eingehüllt und schwimmen jetzt in dieser Heilflüssigkeit. Gestalte die Flüssigkeit so, wie du glaubst, daß sie deinen Augen am besten tut: Farbe, Substanz, Wärme, alles kannst du selbst bestimmen. Vielleicht erreicht sogar ein Duft dieser Flüssigkeit deine Nase. Stell dir das angenehme Gefühl vor, wie die Augen in deiner Heilflüssigkeit gebadet werden, wie alte Hautteilchen von der Bindehaut, von der Netzhaut gespült werden, wie sich die Bindehaut, die Netzhaut strafft, wie deine Iris erfrischt wird. Stell dir vor, wie die Augen in der Flüssigkeit schaukeln. Dann laß diese Flüssigkeit abfließen, zurück in den Bauch, vielleicht in die Blase, vielleicht stellst du dir vor, daß du sie aus den Poren verdampfst. Richte jetzt deine Augen wieder klar ein, bewege sie unter den Lidern weit nach rechts, weit nach links, folge mit den Augen einer imaginierten liegenden Acht. Dann öffne die Augen und nimm wahr, wie sich jetzt dein Blick auf die Welt anfühlt.

Umkehrübungen
sind besonders gut für die Augen und für die Durchblutung des Gehirns und des Gesichts. Manche Frauen finden Kopfstand, Handstand oder Unterarmstand aus dem Yoga zu anstrengend. Es gibt aber eine Vorübung zu diesen Umkehrübungen, die für die Augen und das Gehirn genauso gut ist.

- Stell dich im Vierfüßlerstand auf eine nicht zu harte Unterlage (ein Schaffell oder eine flache Schaumgummimatte sind ideal), leg die Stirn vor die Hände auf der Matte ab und roll mit leichtem Druck den Kopf auf der Unterlage bis zum Scheitelmittelpunkt des Kopfes und wieder zurück und zwar bis zur Nasenspitze. Wenn du bis zum Scheitel abrollst, fühlt sich das an, als wolltest du gleich einen Purzelbaum schlagen, du gehst aber nur bis zum „Anschlag", also bis zu dem Punkt, wo die Knie und die Hände den Körper noch gut im Vierfüßlerstand abstützen. Der Körper kann ein bißchen Druck geben, aber die Zehen, die Schienbeine, die Knie und die Hände bleiben immer fest am Boden.

- Auch der „Hund" aus dem Yoga durchblutet die Augen optimal: Aus dem Vierfüßlerstand (mit aufgestellten Zehen) drückst du den Po weit nach oben, streckst die Seiten, die Arme sind aktiv gestreckt, die Hände gespreizt auf der Unterlage. Was die Füße betrifft, stehst du erst mal auf den Zehen, streckst den Po weit nach oben, streckst die Beine, und mit der Zeit kannst du daran arbeiten, daß du gleichzeitig die Fersen zum Boden drückst, so daß du irgendwann mit der ganzen Fußsohle am Boden stehst, mit gestreckten Beinen den Po nach oben reckst und den Oberkörper und die Arme im Dreieck zu den Beinen nach vorn dehnst – gehalten von den Händen mit gespreizten Fingern. Ganz wichtig: Der Kopf hängt locker nach unten, völlig entspannt. Das Gesicht wird durchblutet, ohne die Aufrichtungsarbeit leisten zu müssen.

Schnelle Energetisierung
Manchmal entsteht der Eindruck, die Augen sind so überlastet, daß man sie einfach schließen muß, um sie zu entspannen. Klar kannst du die Augen immer mal schließen und ausruhen, auch der Körper liebt ja kurze Entspannungsphasen. Aber die eigentliche Regenerierung und Energetisierung liegt im Wechsel: anspannen/entspannen. Das gilt für alle Muskeln im Körper. Nicht die totale Entspannung bringt Heilung, sondern die Wechselwirkung von Anregung und Loslassen.

- Schließ die Augen und stell dir vor deinem inneren Auge einen Kreis vor. Jetzt zieh die Augenmuskeln ganz eng zusammen, mach die Augenumgebung so klein wie möglich, dann reiß die Augen weit auf und stell dir vor, du preßt die Augäpfel nach vorn.

- Da die übrige Gesichtsmuskulatur diese Bewegungen gern mitmacht, kannst du das ganze Gesicht einbeziehen: Schließ die Augen, stell dir einen Kreis vor, zieh alle Muskeln im Gesicht ganz eng zusammen, dann reiß die Augen auf, drücke die Augäpfel nach vorn und streck gleichzeitig die Zunge aus dem Mund und laß die Luft mit einem tonlosen Haaa! aus dem Mund schießen.

- Dreh deine Augäpfel, so weit es geht, nach oben, als wolltest du deinen Haaransatz betrachten. Dazu reißt du die Augenlider weit auf. Gleichzeitig streckst du die Zunge weit vor und läßt die Luft mit einem scharfen Ton raus. Zur Intensivierung kannst du auch gleichzeitig die Beckenbodenmuskulatur anspannen. Dann wieder loslassen.

Abgesehen davon, daß diese Übung die Augen und die Gesichtsmuskeln energetisiert, ist sie auch noch eine schöne kleine Selbstverteidigungsübung. Wenn dich jemand anstarrt oder belästigt, wird das unvermutete Zusammenziehen deines Gesichts und das darauffolgende Aufreißen der Augen, Herausstrecken der Zunge zusammen mit dem hissenden Ha!-Laut die schlimmsten Befürchtungen im Angreifer wecken. Als Selbstverteidigungsübung kannst du auch die Hände dazunehmen und beim Zusammenkneifen der Gesichtsmuskeln die Fäuste ballen, beim Aufreißen der Augen die Handflächen vor den Körper halten und dir vorstellen, daß glühende Energie aus deinen Handflächen schießt.

Achte darauf, daß dabei weder die Ellbogen noch die Knie ganz durchgestreckt sind. Wenn du locker in den Knien und aktiv in der Armmuskulatur bist, hast du am meisten Kraft. Durchgestreckte Gelenke lassen Energie abfließen.

Öffnen des Sehfeldes

- Richte deinen Blick nach vorn, während du deinen Körper weich aufrichtest, die Hüftgelenke über Kniegelenken und Fußgelenken, das heißt du stehst sehr gerade, das Becken leicht vorgeschoben, so daß sich die Leisten nach vorn dehnen, die Wirbelsäule ist sanft aufgerichtet, die Schultern stehen über den Hüftgelenken, der Kopf ist in Verlängerung der Wirbelsäule so aufgerichtet, daß das Kinn parallel zum Boden steht. Zieh ein paarmal deine Schultern hoch und laß sie locker fallen, um die Schulter-/Nackenmuskulatur zu lösen.

- Versuch jetzt deine geöffneten Augen ein wenig nach vorn zu dehnen, und dann nimm wahr, wie weit dein Blickfeld geht, ohne die Pupillen zu bewegen. Erspüre die Ränder des Sehfeldes und während du den Blick nach vorn gerichtet läßt, versuchst du jetzt, diese Ränder des Sehfeldes schärfer zu stellen, genauer herauszuarbeiten, aus dem Augenwinkel, sozusagen. Dann drehst du die Augen ganz bewußt so weit nach links wie möglich, ohne dabei den Kopf zu bewegen, und nimmst wahr, was du in diesem Bereich jetzt sehen kannst, dasselbe zur rechten Seite.

- Dann drehst du den ganzen Kopf so weit wie möglich nach links, ohne dabei den Körper zu bewegen, und nimmst wahr, was du in diesem Bereich jetzt sehen kannst, dasselbe zur rechten Seite.
- Zum Schluß ziehst du die Schultern wieder ein paarmal hoch und läßt sie fallen, streckst und dehnst dich und löst die Körperhaltung auf.

Verbindung zwischen Augen und Beckenboden
- Stell dich etwa hüftbreit barfuß auf eine nicht zu weiche Unterlage und geh leicht in die Knie. Schließ die Augen. Zieh alle Muskeln des Beckenbodens, die Bauch- und Pomuskeln an. (Die Beckenbodenmuskeln spürst du am besten, wenn du dir vorstellst, daß du alle Löcher zuziehst.) Während du dies hältst, gehst du mit deiner Aufmerksamkeit zu deinen Augenmuskeln und wirst feststellen, daß sie auch verspannt, verkrampft oder angespannt sind. Stell dir jetzt vor, daß du alle Muskeln um die Augen losläßt, daß die Augen weich nach hinten fallen, und löse auch den Unterkiefer. Du wirst feststellen, daß es gar nicht so einfach ist, gleichzeitig den Becken-/Bauch-/Pobereich aktiv anzuspannen. Halte die Übung etwa zwanzig Sekunden.
- Dann umgekehrt: Löse alle Bauch-, Po-, Beckenbodenmuskeln und zieh gleichzeitig alle Muskeln im Gesicht und um die Augen zusammen, so daß das Gesicht ganz klein und zusammengefaltet ist. Zwanzig Sekunden halten und alles loslassen, Körper lockern.

Verbindung zwischen Augen und entgegengesetzter Hand
- Kneif das rechte Auge ganz klein zusammen und öffne

gleichzeitig die linke Hand, dann dasselbe mit dem linken Auge und der rechten Hand. Versuch das öfter im Wechsel zu machen, aber nicht so schnell, daß du die Kontrolle über die Muskelbewegung verlierst.

Verbindung zwischen Augen und Füßen
- Stell dich etwa hüftbreit mit nackten Füßen auf den Boden, geh leicht in die Knie. Spür die Unterlage und konzentriere dich ganz auf die Fußsohlen. Schließ die Augen.
- Stell dir zuerst die Verbindung von der Augenmuskulatur nach unten vor: zu den Kiefermuskeln, zur Nackenmuskulatur, zur Muskulatur des Rückens, der Wirbelsäule, zum Quadrizeps in den Oberschenkeln, zum Kniegelenk, zu den Fußgelenken bis in die Fußsohlen. Versuch das Muskelgewebe deines ganzen Körpers mit jedem Einatmen aufleuchten zu lassen.
- Dann heb den rechten Fuß ganz wenig vom Boden und öffne das linke Auge. Stell den Fuß wieder ab, schließ das Auge. Heb den linken Fuß ganz wenig vom Boden und öffne das rechte Auge, stell den Fuß wieder ab und schließ das Auge. Mach das ein paarmal im Wechsel.
- Dann heb den linken Fuß und öffne das linke Auge, wieder abstellen und schließen. Dasselbe mit dem rechten Auge und dem rechten Fuß.
Beobachte die Wirkung.

- An afrikanischen Tänzen sind vor allem die isolierten gegensätzlichen Bewegungen einzelner Körperteile besonders heilend und anregend für den Körper. Du

111

kannst versuchen, hüftbreit stehend und leicht in die Knie gehend, das Becken nach rechts kreisen zu lassen und – bei geschlossenen Lidern – gleichzeitig die Augen nach links zu kreisen. Dann das Becken nach links und die Augen mit geschlossenen Lidern nach rechts kreisen.

- Kippe das Becken nach rechts und schau gleichzeitig mit nach vorne gerichtetem Gesicht weit nach links (nur die Augäpfel bewegen sich), dann das Becken nach links kippen und die Augen weit nach rechts drehen. Nur das Becken und die Augäpfel bewegen sich.

Verbindung der Augen mit den anderen Sinnen
Wie schon erwähnt, öffnen sich die Sinne stärker, wenn die Augen geschlossen sind.

- Taste dich mit geschlossenen Augen durch die Wohnung oder in einer Gruppe von Freundinnen durch einen Raum. Erfühle die Präsenz der anderen, den Raum, deine Position darin. Dann öffne die Augen und vergleiche die Wahrnehmung deiner anderen Sinne mit der deiner Augen.

- Ein lustvolles Erlebnis ist auch ein „Riechstudio" (ich verdanke die Idee Maria Wimmer): Stell eine Schale Kaffeebohnen auf, ein Glas Honig, ein Moospolster, eine Wurzelbürste, verschiedene Kräuter, Essig, Knoblauch, ein weiches Tuch, verschiedene Substanzen also, die sich mit den Händen erfühlen, mit der Nase erschnuppern lassen, dann verbinde deine Augen und laß dich durch diesen magischen Garten aus Gerüchen und fühlbaren Substanzen führen, rieche am Honig, am Kaffee, betaste kratzige und weiche Substanzen und genieße die wohligen Schauer, die deine Sinne dir jetzt schicken.

Maria baute zu einem Kindergeburtstag einen solchen Weg auf, den alle Anwesenden mit großem Vergnügen abwanderten.

Im Völkerkundemuseum in Wien gab es eine Schamanenausstellung, die durch einen mit schwarzen Tüchern vollkommen dunklen spiraligen Weg zu betreten war. Etwa auf der Mitte dieser Spirale verloren fast alle Eintretenden die Orientierung. Ungewißheit, sogar ängstliche Gefühle kamen auf. Begegnete man anderen BesucherInnen, entstand Heiterkeit und Solidarität. Gemeinsam im Dunklen tappend fingen wir an zu kichern, uns an der Hand zu führen. Für mich wurde dieser Weg, den ich mehrmals ging, zu einer Initiation ins Urvertrauen.

- Hörst du einen besonderen Ton, ein penetrantes Geräusch, einen unerträglichen Lärm, schließ die Augen und nimm ihn nur durch das Gehör wahr, ohne die Augen suchend umherschweifen zu lassen, der Blick fühlt sich danach freier, wacher an. Auch starke Gerüche und Düfte lassen sich intensiver verarbeiten, wenn die Augen geschlossen sind.

In der Gaststätte „Gläsernes Eck" treffe ich meinen alten Freund Sepp Bierbichler, der sich an unseren Frauenstammtisch anschleicht. Sag mal, hast du eigentlich noch keine Brille, fragt er mich lauernd, als ich das Wochenhoroskop der Abendzeitung vorlese, über das wir immer so lachen müssen. Nein, sage ich. Auch nicht zum Lesen? Auch nicht zum Lesen.

Bestimmt hast du eine Erklärung dafür, sagt er mit einer Mischung aus Bewunderung und Abscheu.

Habe ich. Hier ist die lange Version:

Nachts hole ich meine Augen aus ihren Höhlen, spüle sie im Mund gut mit Spucke durch und werfe sie ins Universum, wo ich sie durch die Dunkelheit treiben lasse und an den Pulsaren auflade. Morgens werfen mir die Göttinnen die Augen zurück, damit ich sie reiben kann, wenn ich aufwache. Ich koche Tee und lege mir, während ich zum Beispiel Neneh Cherrys „This is a woman's world" höre, die Teebeutel auf die Augen. Dann mache ich meine drei Übungen: nah-fern fixieren, hell-dunkel schauen, eine liegende Acht mit den Augen abfahren.

Dann halte ich die Zeitung verkehrt herum und lese sie nicht, werfe meine Rasseln an und tanze ein bißchen.

Dann stelle ich mich natürlich in allen Variationen auf den Kopf und habe den ganzen Tag nur noch einen

Gedanken: Wo habe ich was zu lachen. Wenn ich das rausgefunden habe, gehe ich da hin. Wenn ich wohin gehen muß, wo ich nichts zu lachen habe, lache ich vorher ausgiebig.

Wenn ich nichts finde, denke ich an diesen Witz und muß immer lachen: Ein Mann geht in ein Autogeschäft und will einen Porsche kaufen. Er kriegt ihn billiger, wenn er bar bezahlt. Er zählt sein Geld auf den Tisch. Zwanzig Mark fehlen. Er läuft hinaus auf die Straße, haut eine Frau an und sagt: Können Sie mir zwanzig Mark leihen, ich will mir einen Porsche kaufen. Die Frau sagt: Da haben Sie vierzig Mark, bringen Sie mir einen mit.

Ich suche das Chaos, das Ungleichmäßige, die vergessenen Ecken, das Verborgene, gerade, klare, scharfe Linien können mir gestohlen bleiben.

Falls meine Augen melancholisch werden, das merke ich daran, daß sich die Pupillen nicht weiten, wenn ich Heidelbeermarmelade, Koralle, Bernstein, meine Göttinnen oder Papayaflip sehe, schaue ich einen Film, notfalls ein Video an, bei dem ich hemmungslos weinen kann.

Der Computer beschäftigt mich kaum länger als ein, zwei Stunden am Tag, weshalb meine Augen sich kaum je beklagen. Wenn doch, kommt der Meteorstein zu seinem Vergnügen. Ich hole ihn aus seinem Häuschen und trage ihn an die Isar spazieren, zeige ihm und meinen Augäpfeln den Sternenhimmel, Voll-, Neu-, Sichel- oder Halbmond, singe ihm und meinen Augäpfeln was vor, und wenn ich Glück habe, manchmal, sehr selten, singen die Nachtigallen (immer nur im Mai) für meine Augen, meine Ohren, meine Brüste, meine Haut, meine Hände und meine nackten Füße und für meinen Meteorstein.

Außer der dunklen weichen Nacht lieben meine Augen wilde Feuer, dazu das Rauschen und Funkeln des Wassers, sie lieben Salbeirauch und Weihrauch, sogar wenn sie über dem Rauch tränen, sie lieben die „Simpsons" im Fernsehen und „Solaris", „Die sieben Samurai", die Bilder von Nancy Spero, Paula Rego, Angela Hampel, Margarethe Petersen, um nur mal ein paar zu nennen.

Geradezu verliebt sind meine Augen in mein Göttinnenzimmer, in die vielen kleinen Figuren und Skulpturen, in die alten Stoffe aus Seide und Rinde und Rupfen. In die alte Navajodecke in Rot- und Gelbtönen, die mir Annamirl zum 50. Geburtstag geschenkt hat.

Ich versäume es nie, meine Augen zu fragen, was sie sehen wollen, denn allzuviel Junkfood will ich ihnen nicht zumuten. Sex and Crime in den Nachrichten? Einmal die Woche reicht.

Mögen meine Augen Rauch, Alkohol und Drogen? Rauch mögen sie nur, wenn ich selber rauche und zwar nicht viel. Alkohol in den Mengen, wie ich sie vertrage, läßt meine Augen manchmal unkontrolliert in Trance fallen, das mögen sie. Sie driften dann auseinander oder zusammen und behaupten, daß nichts ist, was es scheint.

Über Drogen stimme ich mit meinen Augen nicht ab, denn ich, wer immer das ist, mag keine nehmen, der Rest meines Körpers muß sich dieser Entscheidung beugen.

Mögen meine Augen hohe Berge? Nur, wenn ich verspreche, ganz schnell wieder unter die 4000-m-Grenze abzusteigen. Falls ich das nicht einhalte, kann es schon passieren, daß ich alles doppelt sehe.

Chlorwasser mögen meine Augen gar nicht, also geh ich kaum je in ein Schwimmbad. Sie lieben aber Bergseen, wilde Bergbäche und den Starnbergersee. Auch den Dampf des kochenden Wassers, bevor ich Tee aufbrühe lieben sie, das haben sie mit den Lungenflügeln gemeinsam (ich beuge mich dabei mit geschlossenen Lidern über den Wassertopf und singe).

Obwohl ich wahnsinnig gern Sonnenbrillen kaufe, trage ich nie eine. Für mich sind sie der Anfang vom Ende der Sehkraft. Meine Augen rächen sich für den Sonnenbrillenschwindel mit einem Schwindelgefühl.

Kerzenlicht dagegen baut meine Augen immer auf. Das macht mich zum Marienaltar-Junkie. Wenn ich an einer Kirche vorbeikomme, überprüfe ich die Seitenaltäre. Nur an Marienaltären halte ich mich auf und auch nur, wenn sie nicht mit einem blutenden Jesus garniert sind.

Ein echtes Heilmittel für meine Augen sind afrikanische Perlenketten – diese bunten, wunderschön gearbeiteten, vielfältigen Glasperlen und die Fasern und Schnüre, auf die sie aufgefädelt sind, powern meine Augen auf.

Dann brauche ich Bäume, Erde, die feine Faserung von Blättern, die Schönheit von Steinen im Wasser, Wolken, denen die Augen folgen, Raubvögel, die sich in der Luft hochschrauben und meinen Blick mitnehmen, das blauschwarze Gefieder von Raben und Gepardenaugen. Schroffe Berge, sanfte Hügel, dunkle tiefe Wasser. Ich brauche gelegentlich eine Wüste, die nirgends aufhört. Weiche, gelbbraune Fläche, an der die Augen entlangwandern in die widerstandslose Weite, auf der die Füße sich vorwärtsspielen, Steinchen, Sand, Dornen, feine Erde spüren und die Haut zum Lächeln bringen, ein Meer, das sich mir entgegenwirft und mit feinem Salzsprühregen meine Augen benetzt.

Beim Tanzen zu afrikanischer Musik erleben meine Augen eine totale Runderneuerung. Das Blut pocht in meinen Linsen, der Schweiß tropft aus der Netzhaut, und alle abgestorbenen Abschilferungen und Fetzen fliegen nur so aus den Augen. Nach dem Tanzen bade ich die Augen dann in der Nachtluft, während ich mit dem Fahrrad nach Hause fahre. Dazu singe ich, je nach Wetter, Blue Moon oder I'm singing in the Rain oder Round Midnight. Das mögen meine Augen außer einem Orgasmus und dem Glitzern der Kristalle am liebsten.

Meine Augen wandern gern an Handlinien und Hautfalten entlang, sie lieben es, in andere Augen hineinzuspringen und Geheimnisse herauszuholen oder kleine Schilde aufzubauen, Bilder und Blicke abblitzen zu lassen, in Spinnennetzen zu hängen, wo Tautropfen glitzern, durch Bienenwaben zu schlüpfen, an denen noch Honig heruntertropft. Sie ruhen gern in dunklen Achselhöhlen, unter Kamelhaar- und Kaschmirdecken.

Bunte Neonlichter mögen meine Augen und das Gefunkel des Oktoberfests von der Bavaria aus gesehen, afrikanische Märkte und das einzigartige Licht der Wüste.

Die Gelb- und Rottöne buddhistischer Klöster mögen meine Augen übermäßig gern, die graugelbe karge Himalayalandschaft, Felsgebirge, Edelweiß auf blassem Hochgebirgsgras, rauchgeschwärzte Holzhütten, derb gewebte Leinenstoffe und darunter zähe Frauenkörper.

Moorwiesen, grüne Moospolster, alle Gelb- und Brauntöne von Schilf entzücken meine Augen und gelegentlich Holunderkompott. Und spannende Bücher, durch die sie sich schnellzugartig durchfressen, den Videoclip „Extraterrestrians" von Meiway. Es gibt auch

Worte, die für meine Augen heilende Wirkung haben, zum Beispiel Araouane, Tollkirsche, Brillant, Lagos, Ursprung, Affenpinscher, Surabaya, Shalimar, Jambalaya, Malika, Abeokuta, Flitscherl, Klapperschlange, Mahakali, Fetzenrausch, Nieswurz, Gramercy Park, Spinatwachtel, Purang, Kakaobutter, Fünf, Beherzt....

Ich schaue mit geschlossenen Augen in die Sonne und mit offenen in die Nacht. Meine Augen tanzen zur Musik von Roukia Traoré, Bally Prell, Bob Marley oder Youssou N'Dour, zum Brandenburgischen Konzert Nr. 2, zu Charlie Parker, John Coltrane und Miles Davis, zu Tracy Chapman, Lauryn Hill, Macy Gray und Billie Holiday.

Es heißt, daß Starren schlecht fürs Sehen sei, das kann ich nicht bestätigen. Nichts klärt meinen Blick wie das „Batterieaufladen", die Augen in der Unendlichkeit abgeben, kurz an gar nichts denken, frei von allem, was ins Auge geht, und mit neu geschärften Linsen wieder ins volle Leben springen.

Ich atme ein.
Ich atme aus.
Ich schaue hin.
Ich schaue weg.
Alles klar?

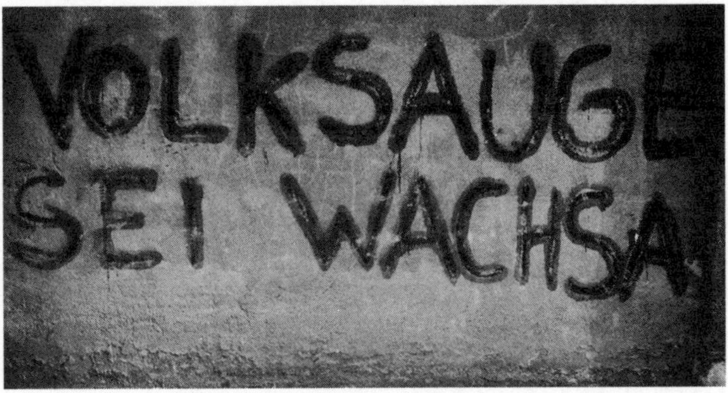
VOLKSAUGE
SEI WACHSA

ich bin so alt wie die bundesrepublik, so alt wie die abschaffung der todesstrafe in der bundesrepublik, leider auch so alt wie die nato. als ich geboren wurde, lachte ich, weil ich schon wußte, was hier läuft. ich wurde in einem frauenhaushalt groß, obwohl mein vater mit allen mitteln von weitem versuchte, mich kleinzukriegen. das gelang nicht. vor allem weil ich zaubern kann.

als kind können das ja viele, aber die meisten lassen sich überzeugen, daß es magie nicht gibt, fangen statt dessen an zu arbeiten, geld zusammenzukratzen, große blechkisten zu fahren und sich was drauf einzubilden.

ich habe in meinem leben viele jobs gemacht, tippen, übersetzen, putzen, bedienen, singen, tanzen. aber ich wußte schon mit sechs jahren, daß ich schreiben wollte. mit worten spielen. dem kulturbeutel worte wie spielraum, freudentaumel, zaubergarn entgegenhalten.

natürlich war ich in der sponti-linken ab 68 heftig aktiv. was mich überhaupt nicht antörnte, war die tatsache, daß wir frauen den genossen nachts um drei kaffee kochen sollten, damit sie flugblätter formulieren konnten, die dann sowieso wir schrieben. ich glaube nicht an revolutionen. ich glaube ja nicht mal an aufstand, widerstand und so etwas.

ich glaube an die kraft der imagination, des bewußtseins, an die wechselwirkung von energie, an den tanz aller teilchen. nur wer wach ist, checkt's. wer gehirngewaschen in der hypnose der kindheit, im schrecken der zivilisation dahintaumelt, dem hilft auch kein krieg. Logisch – oder?

Jahrelang fuhr ich mit meiner tochter wally kreuz und quer durch afrika. später zog ich allein los, um die magie der fetischpriesterinnen von ghana und der mamissis von togo, nigeria und benin zu studieren. ich wohnte bei einem zeichenfänger der ewe in benin und bei yoruba-priesterinnen, um die voodoo-religion zu verstehen. ich verbrachte viel zeit mit tuaregs in der sahara, bei denen die frauen trommeln und sich am donnerstag abend die männer aussuchen, mit denen sie eine woche oder länger zusammensein wollen.

ich traf scharlatane, nieten, weise frauen, sogar zwei weise männer.

dann fuhr ich sieben jahre lang nur nach indien, nepal und tibet, zog allein barfuß durch das himalaya-gebirge, schlief bei bergbewohnern auf dem hausdach oder bei berggöttinnen auf dem schoß. das gehen allein half mir mein lied zu finden, mein eigenes universum zu spüren.

seit ein paar jahren beschäftigt mich das konzept von zeit und raum, die gemessene zeit, die empfundene zeit. ich habe darüber in meinem buch „drei wünsche" geschrieben, das im august 1999 erschienen ist.

seit dezember 1999 führe ich ein internet-tagebuch unter www.salamandra.de.

Luisa Francia
im Verlag Frauenoffensive

Berühre Wega, kehr' zur Erde zurück
ISBN 3-88104-120-6

Kalypso
ISBN 3-88104-138-9

Mond • Tanz • Magie
ISBN 3-88104-152-4

Drachenzeit
ISBN 3-88104-165-6

Zaubergarn
ISBN 3-88104-190-7

Spielend Scheitern. Ein Leidfaden für Frauen
mit dreizehn Tips zum Mißerfolg
ISBN 3-88104-203-2

Die 13. Tür
ISBN 3-88104-210-5

Die schmutzige Frau
ISBN 3-88104-226-1

SteinReich
ISBN 3-88104-239-3

Auf der anderen Seite der Haaresbreite
ISBN 3-88104-252-0

Starke Medizin
ISBN 3-88104-266-0

Eine Göttin für jeden Tag
ISBN 3-88104-280-6

Die Bärin im 11. Haus
ISBN 3-88104-293-8

Sanfte Wirbelstürme, vergessene Flügel.
Das Rückenbuch
ISBN 3-88104-306-3

Drei Wünsche
Von der Vision zur Magie als Handwerk
ISBN 3-88104-317-9